특별한 영유아

모노그래프 시리즈 6호 Interdisciplinary Teams

학제간 팀들

Eva Horn · Hazel Jones 편저

김건희 · 김진희 공역

학지사

Interdisciplinary Teams
by Eva Horn, Hazel Jones

역 · 자 · 서 · 문

원저 *Young Exceptional Children(YEC) Monograph Series*는 특수아동협회 유아교육분과[The Division for Early Childhood(DEC) of the Council for Exceptional Children(CEC)]의 출판물 중 하나로서 1999년부터 출간되기 시작하였습니다. 모노그래프란 특정 주제에 관한 상세하고 실증적인 논문들을 모은 것이라고 할 수 있는데, YEC 모노그래프 시리즈는 장애가 있거나 발달이 지체된 아동, 영재아동, 발달이 지체될 위험이 있는 아동, 학교생활에 어려움이 예상되는 아동 등 0~8세 사이의 아동을 대상으로 일하는 교사, 유아교육(보육) 종사자, 행정가, 치료사, 가족 구성원 등을 위하여 기획되었습니다. 시리즈 각 호는 조기중재 및 유아특수교육 분야의 중요한 주제를 다루며 실제(practices)에 직접적인 도움이 되는 내용으로 구성되었습니다. 근거 중심(evidence-based)의 연구결과를 전문가와 가족에게 효과적이고 유용한 전략으로 바꾸어 소개하는 것이 모노그래프 시리즈의 주요 목표 중 하나라고 할 수 있습니다. 따라서 시리즈에 수록된 글들은 탄탄한 이론 혹은 연구 기반을 갖고 있으며, 또한 광범위한 독자층을 고려하여 읽기 쉽게 쓰여 있습니다.

YEC 모노그래프 각 시리즈에서 다루는 주제는 도전적 행동에 대처하는 실제적 아이디어(1호), 자연적 환경과 통합(2호), 유아의 발달을 지원하는 교수전략(3호), 의미 있는 정보를 수집하는 진단평가(4호), 가족 기반의 실제(5호), 학제간 팀들(6호), 조기 문식성 발달 지원(7호), 사회 · 정서 발달 지원(8호), 교육과정과 영유아 및 가족의 성과(9호), 조기중재의 실제와 성과(10호)입니다.

역자들은 Young Exceptional Children을 '특수유아'가 아닌 '특별한 영유아'라고 번역하였는데, '특수유아'라는 표현이 혹여 유아들을 동질집단화하지 않을까 하는 우려 때문이었습니다. 그래서 서로 다른 발달을 보이는 개별 영유아에게 초점을 맞추는 의미에서 '특별한 영유아'로 번역하였음을 밝힙니다.

특별한 영유아 모노그래프 시리즈의 번역은 여러 사람의 노력과 지원이 없었으면 불가능하였습니다. 번역계획은 2006년 가을 미국 아칸소(Arkansas) 주 리틀락(Little Rock)에서 열린 DEC 콘퍼런스에서 시작되었습니다. 당시 DEC 다문화 활동위원회(Multicultural Activities Committee)의 위원장으로 활동하고 있던 브래들리 대학교 이화(Hwa Lee) 교수의 적극적인 추천과 지원으로 모노그래프 시리즈를 한국어로 번역 출간하는 것에 대해 DEC 회장단으로부터 매우 긍정적인 답변을 들었습니다. 그러나 DEC의 출판물을 외국에서 번역 출판하는 작업이 전무하였던 관계로 실제 계약까지의 진행은 매우 더디게 이루어졌습니다. 하지만 그 시간 동안 포기하지 않고 역자들을 믿어 준 분들께 감사 드립니다. 특히 계속적으로 관심을 가지고 국내에서 번역 출간되도록 적극적인 지원을 아끼지 않은 이화 교수 님께 감사의 말씀을 드립니다. 그리고 한국에서의 출간을 지지하고 신뢰해 준 DEC 회장단을 비롯한 관계자들에게 감사의 마음을 전합니다. 또한 이 책이 나오도록 애써 주신 학지사의 김진환 사장님과 직원 여러분께 감사를 드리며, 마지막으로 언제나 든든하게 힘이 되어 주는 사랑하는 가족에게 고마움을 전합니다.

2012년

역자 일동

편·저·자·서·문

특별한 영유아 모노그래프 시리즈 6호가 출간되었습니다. 이번 호에서는 학제간 팀에 관련된 주제를 다루었습니다. 모노그래프 6호의 논문들은 『조기중재 및 유아특수교육의 DEC 추천 실제』의 제5장(Mcwilliams, 2000)에서 다룬 실제를 강조합니다. 『조기중재 및 유아특수교육의 DEC 추천 실제』의 학제간 모델의 주제(Sandall, McLean, & Smith, 2000)는 학제간 경계선을 넘나들면서 함께 일하는 것을 지원하는 실제를 설명하고 기능에 집중하는 것은 물론, 일상의 양육자들과 일상생활적인 면을 강조합니다. McWilliams와 추천 실제 연구팀은 네 가지의 이론적 신조를 밝혔는데, 이는 학제간 팀 주제의 추천 실제를 요약하기 위해서라고 할 수 있습니다.

첫째, 팀워크와 집단적인 책임감이 요구됩니다. 왜냐하면 서로 다른 관점에 의해 좀 더 나은 의사결정을 할 수 있고, 한 개인이 모두 알 수 있거나 모든 것을 할 수 있는 것은 아니기 때문입니다. 둘째, 서비스 전달에서 초학문적 모델(transdisciplinary model)은 각 학문과 팀 구성원이 가지고 있는 전문성을 존중하면서, 학문적 경향에서 오는 서비스 전달에 따른 마찰을 피하기 위해 추천됩니다. 셋째, 아동의 생활 속에서 아동의 참여, 독립성 그리고 사회적 관계를 지원하기 위해서 중재는 기능적이어야 합니다. 넷째, 특히 서비스가 주 양육자에 의해 실시되므로 학제간 서비스는 실제적이고 간결해야 합니다. 요약하면, 학제간 팀에 대한 추천 실제는 팀워크, 학문 간의 자유로운 경계, 기능적 중재 그리고 양육자의 접근성을 강조합니다.

모노그래프 6호에 실린 모든 논문은 네 가지 이론적 신조에 기반한 가치, 믿음 그리고 실제를 담고 있습니다. 팀의 '누가' '무엇을' '어떻게'를 정의함에 있어서 팀을 지원하는 구체적인 전략이 논문에서 설명됩니다. 아울러 각 논문은 어떻게 하면 어려움을 극복하고 촉진자를 강화하여 팀이 각 아동의 발달과 학습을 지원하기 위해 '함께 일하고 잘 어울리는' 성인 집단으로 형성되는지에 대한 핵심 내용을 제공합니다.

Fialka에 의해 작성된 첫 번째 논문은 효과적인 팀워크의 핵심으로서 긍정적인 실무 관계(positive working relationships)에 필요한 튼튼한 기초 작업을 설명합니다. 그는 흔히 쓰는 문구인 '파트너십'을 재고하게 하며, 구성원 사이의 실제적인 파트너십을 성취하고 유지하는 것이 쉽지는 않지만 충분한 가치가 있음을 이해시키고자 합니다.

Horn과 Jones는 팀워크의 기본적인 재검토와 잘 운영되는 팀 내의 공동 작업의 중요성을 보여 주는 전반적인 틀을 제시합니다. 그들은 팀 구성원 간에 지원하는 노력을 조절하는 결과로부터 얻게 되는 많은 혜택에 대해 토의하며, 잘 조정되는 팀을 만들고 유지하는데 있어서 중요한 요소들을 제시합니다.

Ostrosky와 Lee는 차이점을 존중할 것을 상기시킵니다. 아동과 가족 그리고 팀의 다른 구성원들이 지닌 다양한 차이점을 존중하는 것이 모든 프로그램의 기본적인 실제가 되어야 한다고 저자들은 주장합니다. 우리는 실무자로서 적절한 자원이 연구자와 다른 전문가들에 의해 갖추어지기를 마냥 기다릴 수 없습니다. 지역 전문가를 찾아가 공동체 파트너십을 통한 자원 창조의 노력을 계속해야 하므로 차이점의 존중은 팀 구성원에게 계속적인 과정이 되어야 합니다.

다음의 네 가지 논문에서는 팀의 구성원과 팀이 하는 일을 결정할 때 필요한 구체적인 전략들이 제공됩니다. Ohtake, Santos, Fowler는 팀에 통역자가 포함되어야 할 경우의 중요한 결정 사항과 전략에 대해 논의합니다. 특히, 그들은 적절하게 통역자의 역할을 할 사람을 찾는 전략과 팀의 구성원 사이에서 일어나는 효과적인 의사소통과 통역(무엇)을 확실히 하기 위한 전략을 제공합니다. Rosenkoetter는 유아교육자 팀을 통해 유치원 프로그램에서 장애를 가진 영유아에게 적절한 지원을 제공하기 위한 전략을 설명합니다. 저자는 누가 팀에 있는지를 파악하고, 그들이 어떤 역할을 하고, 그들이 돌보는 모든 영유아를 지원하기 위하여 어떻게 팀이 실제적으로 함께 일하는 작업을 완성할 수 있는지를 규명하는 등 힘든 작업에 대한 우수한 사례와 비결을 알려 줍니다. Wischonowski와 그의 동료들은 통합 환경에서 아동의 활발한 참여를 지원하기 위해 어른들이 함께 일하는 문제를 살펴보는데, 특히 시스템 수준에 초점을 맞추고 있습니다. 저자들은 특수아동 지원에 있어서 프로그램의 협력을 용이하게 만드는 기관 간의 협정을 개발하고, 단계별 과정을 매우 명확하게 제공하며, 분명하게 표현된 연계 계획과 의사결정의 중요성을 강조합니다. 마지막으로, 연구자들과 유아교육 전문가들은 전형적인 학제간 팀으로 간주되지 않지만, 그들은 특수아동과 그들의 가족을 위한 장기 목표를 증진시키기 위해 목표를 공유합니다. Walker, Harjusola-Webb, Small, Bigelow, Kirk는 유아교육 환경에서의 연구를 발전시키고 실현하기 위한 성공적인 팀 모델을 묘사하면서 이러한 관계의 중요성을 논의합니다. 뿐만 아니라 프로그램, 교사, 아동, 가족, 연구자들에게 주어지는 혜택이 강조됩니다. 저자들이 지적한 것처럼, 프로그램에서 증거에 기반한 실제를 더욱 폭넓고, 지속적으로 사용하기 위해서는 연구를 수행하고자 하는 팀의 접근을 사용할 때 가능합니다.

Kruger와 Lifter의 마지막 논문은 팀 구성원들의 학습과 전문적인 성장에 초점을 맞춥니다. 그들은 조기중재 분야가 빠르게 진행되고 지식 중심이라서, 학제간 팀의 모든 구성원들이 계속해서 최신 정보를 갱신하고 기술을 향상시키는 것이 보다 중요하다고 강조합니다. 또한 Kruger와 Lifter는 전문가 개발 활동을 팀의 일상에 포함시켜 서비스 팀을 서비스와 학습 팀으로 전환시키는 계획을 개발하고 시행하는 방법을 제안합니다. 끝으로 Camille Catlett이 '학제간 팀에 관한 지원'을 소개합니다. 이전 호와 마찬가지로 Catlett은 독자들에게 효과적인 학제간 팀을 지원하는 저비용, 고품질의 자원을 제공합니다.

우리는 전문가들이 이 논문을 읽고 영유아와 가족을 지원하는 데 있어서 자신의 협력적인 태도에 대해 숙고하기를 희망합니다. 집단적인 행동 변화는 특별한 요구를 지닌 영유아와 그들의 가족을 위한 긍정적인 결과를 가져오는 것을 목표로 우리를 안내할 것입니다. 특별한 영유아 모노그래프 시리즈 6호에 기여해 주신 모든 분들께 진심으로 감사 드립니다.

◆ 이 책에 기여해 주신 분들

Rashida Banerjee, University of Kansas

Ann Bingham, University of Nevada-Reno

Deborah Bruns, Southern Illinois University

Virginia Buysse, University of North Carolina at Chapel Hill

Cynthia Chambers, University of Kansas

Kevin Cole, Washington Research Institute, Seattle

Andrea Cordero, University of Kansas

Janice Fialka, Huntington Woods, MI

Elizabeth Fullerton, University of Florida

Misty Goosen, University of Kansas

Jennifer Grisham-Brown, University of Kentucky

Ann Hains, University of Wisconsin-Milwaukee

Sanna Harjusola-Webb, University of Kansas

Amy Harris-Solomon, Easter Seals Tennessee, Nashville, TN

Jennifer Hurley, Vanderbilt University

Gail Joseph, University of Colorado at Denver

Lee Ann Jung, University of Kentucky

Gwiok Kim, University of Kansas

Jean Kueker, Our Lady of the Lake University

David Lindeman, University of Kansas

Susan Maude, University of Vermont

Linda Mitchell, Wichita State University, KS

Leslie Munson, Portland State University, OR

Susan Sandall, University of Washington

Amy Santos, University of Illinois

Judy Swett, PACER Center, Inc., Bloomington, MN

Joyce Tardaguila-Harth, University of Florida

참고문헌

McWilliams, R. A. (2000) *Recommended practices in interdisciplinary models.* In S. Sandall, M. McLean & B. J. Smith (Eds), *DEC recommended practices in early intervention/early childhood special education* (pp. 47-54). Longmont, CO: Sopris West.

Sandall, S., McLean, M., & Smith, B. J. (2000). *DEC recommended practices in early intervention/early childhood special education.* Longmont, CO: Sopris West.

*공동 편집자: Eva Horn(evahorn@ku.edu)
Hazel Jones(hajones@coe.ufl.edu)

다음은!

일곱 번째 YEC의 주제는 '유아의 초기 문식성 발달 지원'이다. 더욱 많은 정보를 위해서는 『특별한 영유아(Young Exceptional Children, 8(1))』의 '공지' 부분을 확인하거나 http://www.dec-sped.org를 방문하시오.

차·례

파트너십으로서의 춤

왜 나의 발이 아프지?

Janice Fialka, MSW, ACSW,
CCRESA: Early on Training and Technical Assistance
Huntington Woods, MI

'파트너십'은 현대의 교육, 건강 그리고 인간 서비스에서 중요시되는 단어이며, 이러한 파트너십을 간과하기란 쉽지 않다. "부모와 전문가는 반드시 파트너가 되어야 한다. 협력은 그러한 게임의 이름이다." 이것은 행정가, 정치가 혹은 정책가, 서비스 제공자 그리고 부모들에 의해 회자되는 이야기다. 사실상, 협력은 숭고한 목표(noble goal)이고, 표면적으로 보기에는 합리적으로 성취될 수 있는 것으로 보인다. "이 탁자에 함께 앉아 세 살 된 샐리를 위해서 실천할 수 있는 최고의 계획을 세웁시다. 그리고 그것을 위하여 서로에게 좋은 파트너가 되어 봅시다." 어떻게 보면 이러한 계획은 비교적 쉬워 보인다. 그렇지만 당신이 어느 편에 속하든, 협력자가 되는 것은 종종 말로 표현할 수 없을 만큼 도전적이고 어려운 일이다. 발달장애를 가진 나의 아들 마이카를 돌보는 것보다 전문가들과 파트너십 관계를 형성하는 것이 더 어려울 때가 있다.

몇 년 전, 나는 무엇이 파트너십을 어렵게 하는지에 대해 이해하기 위해서 여정을 시작하였다(Fialka, 1997). 그 첫 번째 단계는 사전에서 '파트너'의 정의에 관해 찾는 것이었다. 내가 찾아낸 의미는 '함께 춤을 추는 두 사람 중 한 사람'을 가리키는 것이었다(Webster's New World Dictionary, 1968). 이러한 춤의 이미지는 파트너라는 말과 아주 잘 어울린다. 마이카를 통해서 내 삶에 등장하기 시작한 많은 전문가들과 파트너십을 형성하는 것은 마치 춤을 배우는 것과 같았다. 처음에, 나는 전문가 파트너들과 바닥에서 숙련된 솜씨로 스텝을 밟을 수가 없었다. 우리의 움직임은 이상하리 만큼 경직되었고, 좀처럼 교감하지 못했다. 종종 비트와 리듬에 있어서 상충되는, 마치 다른 음악을 듣는 듯했다. 표현하지 못한 걱정거리를 안고서 우리의 발끝—그리고 감정—은 계속해서 스텝을 밟아 나갔다.

무엇이 부모와 전문가의 파트너십과 이러한 춤추기를 어렵게 만드는 것일까? 왜 우리는 아동과 학생들이 그들의 잠재력을 충분히 발휘하도록 도와주려 할 때 서로 충돌하는가? 나는 다섯 개의 구별되는 특징, 즉 차원으로 규명하였다. 이러한 차원(dimension)은 우리의 파트너십 댄스를 혼란스럽게도 만들지만 다른 한편으로는 강화시키기도 한다(Fialka, 2004). 이러한 생각은 개인적 경험과 다른 부모들의 경험에 바탕을 둔 것이다. 파트너십에 대한 나의 인식은 모든 부모의 경험과 일치하지 않을 수도 있다. 그러나 모든 부모가 자신의 독특한 경험이 가치 있는 것으로 인식되기를 원한다는 것은 보편적인 사실이다. 다음은 마이카의 어머니로서 내가 터득한 파트너십 댄싱에 대한 내용이다.

〈첫 번째 차원〉 선택: 당신은 춤추기를 원합니까

첫 번째 차원은 선택과 관련되어 있다. 대부분의 부모에게 있어 이러한 관계는 선택으로 이루어진 것은 아니다. 나의 아들로 인해 만난 여러 전문가들에게서 나는 많은 선물을 받았음에도 불구하고, 나는 아들의 장애 때문에 온갖 일을 겪게 되었다. 나는 내 아들이 장애가 없기를 바랐다. 내가 이 상황을 선택한 것은 아니다.

이에 반해, 대부분의 교육 전문가들은 아동과 함께 일하기 위해 스스로 이러한 관계를 선택하였다. 여러분 중 많은 이들은 아동과 강하게 연결된 느낌을 가지며, 이들을 가르치는 것에 대해 열정을 갖기 때문에 이 일을 선택하였다. 당신은 장애를 가진 아동을 돌보는 일이 당신의 삶에 어떤 의미를 줄 것이라고 기대하며, 항상은 아니라도 가끔은 당신에게 자존감과 완성감을 줄 것으로 기대하였을 것이다.

춤의 이미지를 사용하여 파트너를 선택하는 문제에 대해 살펴보자. 새로운 댄스 파트너가 될 당신을 기다리는 열정적인 전문가가 여기에 있다. 전문가는 부모를 향하여 손을 내밀며 전문가의 세계로 들어오라고 한다. 그 세계는 중재, 약속, 활동, 형식 그리고 아마도 희망이 있는 곳일 것이다. 전문가는 밝게 장식된 사무실과 교실로 우리를 초대한다. "자, 들어와서 여기에 무엇이 있는지 보세요. 나는 여기 있는 장난감과 이러한 기회를 공유하게 되어서 기쁩니다. 환영합니다."

부모로서 우리가 이 춤을 선택하지 않은 것은 전문가와 함께하기를 열정적으로 갈망하지 않기 때문은 아니다. 부모는 전문가에게 열린 품으로 다가가지 않고 부모의 가슴을 사로잡듯이 강하게 팔짱 낀 채로 접근할 수도 있을 것이다. 때때로 이런 행동은 부모가 환영하는 전문가를 향해서 등을 돌린 채 참여의 기회를 저버리는 것과 같을 수도 있다. 아마도 부모는 거부감을 느낄 수도 있고, 혼란스러워할 수도 있으며, 종종 원하지 않을 수도 있다. 그러나 한 가지 확실한 것은 만일 부모가 전문가의 일에 참여한다면, 자녀가 특별한 요구(special needs)를 가지고 있다는 것을 인정해야 한다는 것이다. 부모가 전문가의 세상에 들어가는 것을 인정해야만 한다. 부모가 전문가의 세상으로 들어오는 것은 애초부터 친숙하지도 않고 겁나는 일이다. 그러나 전문가와의 파트너십을 시작한다는 것은 부모의 희망 사항을 내버려 두고 새로운 꿈을 꿀 것을 요구한다. 그래서 이러한 태도는 부모가 파트너십 댄스에 열정적인 의지를 가지고 참가하지 않는 것처럼 보일 수 있다.

또한 전문가가 환영의 뜻으로 크게 벌린 팔에 대해서, 부모들은 도도한 태도로 대하는 것처럼 보일 수도 있고, 쭈뼛쭈뼛하고, 적대적이며, 잘 참여하지 않으려고 하고, 방어적인 것처럼 보일 수도 있다. 어떤 사람들은 이러한 태도를 '부정적(in denial)'이라고 언급할 수도 있다. 전문가들은 부모가 팔짱을 끼고 방어적인 자세를 보이거나 거리를 두는 듯한 태도가 전문가에 대한 것이라고 받아들일 수 있다. 전문가는 부모에게 "나는 단지 도움이 되고자 합니다."라고 조용히 속삭이는 자신을 발견할 수도 있다.

걸을 수 없게 된 자녀를 둔 한 어머니의 이야기를 기억한다. 그 어머니의 가족에게 휠체어를 사용할 것을 제안하였다. 대학을 갓 졸업한 사회복지사는 그 댁에 가서 어머니에게 아들의 휠체어를 사러 가자고 제안하였다. 그러나 어머니는 사회복지사의 의견에 공감하지 못했다. 어머니에게 있어서 휠체어를 산다고 하는 것은 그녀의 또 다른 좌절된 꿈이었다. 어머니는 아들을 위해서 세발자전거를 사 주고 싶었던 것이지, 휠체어를 사 주고 싶었던 것은 아니었기 때문이다.

전문가가 해야 할 일 중의 하나는 부모가 전문가에게 거리를 두는 태도를 보이는 것을 전문가에 대한 개인적인 감정으로 받아들이지 않고 이해하는 것이다. 대부분의 경우에 전문가와 연결되는 것이나 프로그램에 대한 거부감은 전문가 개인에 대한 것이 아니다. 오히려 그것은 가족과 아동에게 주어진 상황과 환경에 대한 것이라는 것을 반드시 이해해야 한다. 전문가가 부모에게 보여 주는 수용적인 태도와 가족 문제에 대한 민감한 태도에 의해 부모는 걱정과 두려움으로 무장한 팔짱을 풀게 될 것이다. 이러한 파트너십 댄스에서 가족이 갖는 모순된 감정을 전문가가 이해하게 된다면, 가족의 의도와 달리 다소 도전적인 듯한 태도에 대해서도 거부감을 덜 보이게 될 것이다. 전문가는 부모들이 한 번 더 만나는 모임에 대하여, 한 번 더 전화하는 것에 대하여, 한 가지 형식을 더 만드는 것에 대하여, 한 번 더 검사받는 것 그리고 또 한 번의 전이에 관한 것에 있어서 소극적인 것은 전문가에 대한 것이라기보다는 걱정 및 불확실성과 관련이 있음을 알게 될 것이다.

〈두 번째 차원〉 강요된 친밀성: 불편할 정도의 가까움

파트너십에 있어서 두 번째 독특한 차원은 친밀감에 관한 것이다. 부모는 인생에서 가장 고통스럽고 혼란스러울 때 전문가와 마주하게 되는데, 이는 강요된 친밀함으로 떠밀려진 느낌이다. 부모는 가장 상처받기 쉬운 때에 전문가 앞에 서게 된다. 전문가는 부모의 심장 속으로 들어온다. 전문가는 부모의 죄책감과 부끄러움, 부족함을 느낀다. 부모는 부드러운 지원과 실제적인 중재는 환영할 수 있지만 즉각적인 친밀감을 강요하는 분위기는 그들을 불편하게 만든다. 때때로 그러한 것은 부모들을 젊은 세대들 속의 슬램댄서(slam dancer popular, 록 공연장에서 관중 속으로 뛰어드는 사람들) 속에 몰아넣는 것과 같다.

대부분의 관계는 시간이 지나면서 서서히 발전되어 간다. 그러나 특별한 부모-전문가 파트너십 댄스에서는 강한 감정을 완화할 수 있는 신뢰의 기반이 형성되기 전에, 이방인들과 코가 서로 맞닿을 만큼 가까이 있도록 강요받기도 한다. 부모들은 때때로 성도 모르는 사람 앞에서 울게 된다. 미처 생각지도 못했던 슬픔, 분노 그리고 좌절을 표현한 후에 다시 전문가를 대하는 것은 쉽지 않다. 전문가가 부모를 어떻게 생각하는지, 그리고 부모가 느끼는 강렬한 감정에 대해 어떻게 생각하는지 확신할 수 없기 때문이다.

일반적으로 대부분의 부모들은 감정 대처에 있어 전문가에게 불편함을 느낀다. 관계에 있어서 많은 경우, 부모들은 감정을 인정하거나 표현하는 것을 피하려 한다. 'F' 단어는 협력 관계에서 감정을 의미하는데, 무슨 일이 있어도 반드시 피해야 할 것으로 간주된다. 한 예로 제프를 살펴보자. 제프는 내 친구 중 한 명이다. 그의 가족은 매일매일 삶과 죽음의 경계에서 불안에 떨고 있다. 때때로 그러한 불안은 분 단위로 일어나기도 한다. 어느 날 밤, 제프는 그의 딸이 장기 입원 중인 병원에서 좀 떨어진 집에서 저녁을 보내기로 결심하였다. 그는 단지 하룻밤 푹 자고 싶었다. 그러나 딸이 죽는 이상한 꿈 때문에 편하게 잠을 잘 수가 없었다. 그의 꿈속에서 딸의 죽음은 너무도 진짜 같아서 딸의 온기와 리드미컬한 숨소리를 느끼고자 한밤중에 뉴욕 밤거리의 교통 체증을 뚫고서 병원으로 달려갔다. 병원의 긴 복도를 달려서 딸의 병실 문을 힘차게 열고, 그녀의 부드러운 볼에 얼굴을 대고, 딸의 온기를 느끼고, 딸의 숨결을 확인했을 때 그는 비로소 울음을 터뜨렸다.

간호사는 제프의 옆에 앉아서 도움이 되는 말을 해 주었다. 간호사는 제프의 긍정적인 태도에 익숙했기 때문에 그의 감정적인 태도를 보고 매우 놀랐다고 말했다. "제프, 나는 당신이 이런 식의 감정을 느끼는지 몰랐어요."라고 간호사는 말했다. 제프는 그녀를 보며 이렇게 말하였다. "나는 항상 그렇게 느껴 왔어요. 단지 무너지지 않기 위해 끊임없이 노력하고 있어요."

전문가들은 부모에게 자신의 감정에 솔직해질 수 있는 기회를 제공하고, 때로는 부모를 이해하며 걱정하는 누군가의 앞에서 감정 표현을 할 수 있는 기회를 제공한다. 전문가가 부모를 깊이 이해하며, 성급한 판단을 하지 않는 태도는 부모에게 도움이 된다. 왜냐하면, 이와 같은 태도는 부모를 고독에서 벗어나게 할 수 있고, 스트레스를 덜 느끼게 하며, 무의식적으로 다른 사람의 감정을 이해하는 어려움을 줄일 수 있기 때문이다.

〈세 번째 차원〉 파트너의 명시화: "진짜 파트너는 앞으로 나와 주시겠어요?"

파트너십에서 세 번째 차원은 가족 편에 설 수 있는 파트너를 찾아내는 것이다. 전문가인 당신은 아동들을 좋아하기 때문에 이 직업에 종사한다. 부가적으로 당신이 받은 교육과 훈련은 아동을 강조하고, 아동이 적절한 진단을 받고 적절한 중재를 하는 방법에 집중해 있다. 이처럼 당신은 전문가로서 아동의 파트너가 될 준비를 하고 함께 춤추기에 참여한다. "얘야, 나와 같이 춤추자. 너는 나의 고객이야. 나는 너와 놀아 주고 가르칠 준비가 되어 있단다. 자, 우리 함께 하자."

부모들은 아동들에게 최고의 댄스 파트너가 되기를 원하고, 그래야만 한다. 물리치료사이자 전국적으로 영향력 있는 Kristen Birkmeir가 조기중재 치료사들 앞에서 언급한 이야기가 기억난다. "부모를 최우선에 두세요. 그들의 삶이 변했기 때문입니다. 아동들이 당신의 전문 지식을 필요로 하는 것은 분명합니다. 그러나 아동들과 하루 종일 함께하는 부모들의 적극적인 참여 없이 당신의 전문 지식은 발휘되지 못합니다."

"고마워요! 고마워!" 내가 크리스틴의 이야기를 듣는 동안 속삭였던 것을 기억한다. 내가 마이카를 매주 목요일마다 언어치료실에 데리고 갔던, 마이카의 어린 시절을 회상하면 마이카를 언어치료사에게 맡기면서, 나 또한 언어치료사에게 손을 내밀고 싶어 한다는 것을 알게 되었다. 마이카에게는 구강 근육을 자극하는 방법을 배우는 것이 필요해 보였다. 그러나 나는 언어치료사에게 이런 의견을 한마디도 말하지 못했기 때문에 대신 필요한 것을 자연스럽게 요구하지 못하는 아이와 사는 법을 배워야 했다. 마이카와 나는 전문 파트너와 함께 춤추는 것이 필요했다.

부모들을 참여시키기 위해 파트너들을 재배열하는 것은 전문가에게는 낯설고 새로운 것이다. 이는 기본적으로 아동에게 초점이 있는 '구식'에서 부모들을 참여시키는 통합적인 관점으로 전환하는 것이다. 나에게 있어 마이카의 치료사들과 가장 의미 있었던 회기는 전문가들이 순간적으로 녹색의 큰 바운스 볼을 옆으로 치워 놓고, "무엇에 대하여 걱정하나요? 마이카에 대해서 우리가 놓친 것이 있나요? 당신은 어때요?"라고 묻는 것이었다. 그러한 질문들은 기분 좋게 들렸고, 나를 실제적으로 파트너십 댄스에 참여하게 했다.

세 번째 차원에서의 또 다른 면은 파트너의 오로지 숫자상의 문제를 다루는 것이다. 앞에서 이야기한 파트너의 정의는 '함께 춤추는 두 사람 중 상대편'이다. 알다시피 아동 문제를 다룰 때 두 사람의 파트너십에 대해서 이야기하지는 않는다. 부모 편에는 두 사람이 관여할 수 있다. 그러나 다른 사람들이 관여될 수도 있다. 즉, 주 양육자, 형제자매, 친척과 친구들을 포함한다. 전문가 편은 언어치료사,

작업치료사, 사회복지사, 교사, 간호사 그리고 준전문가 등이다. 나는 마이카를 낳은 것은 아니다. 그리고 언제라도, 전문가들이 직업 또는 과제에 참여하거나 벗어날 수 있으므로 이러한 파트너들 중 누구도 바뀔 수 있다. 때때로 전문가들은 자신들이 감당하기에 벅찬 많은 사람들과 춤을 춘다.

팀의 모든 구성원들을 포함하는 모임에 대해 강력하게 찬성한다. 이러한 배경 속에서 창조적인 문제해결이 활성화되고 확실해질 수 있다. 한 교사는 최근의 학교 모임에서 우리 아들을 위한 계획을 세우려고 다른 교사로부터 한 가지 방법을 배웠는데, 그 방법은 마이카의 친구들이 그의 작문 숙제를 도와주도록 하는 것이었다. 그리고 언어치료사는 마이카의 참여를 향상시킬 수 있는 새로운 소프트웨어에 대해 제안했고, 부모들은 팀으로 하여금 학급 토론에서 마이카가 참여할 최근의 이벤트에 대한 중요성을 상기하도록 하였다. 파트너십 댄싱은 생각보다 훌륭했다.

그러나 팀의 모든 만남이 순조롭게 흘러가는 것은 아니다. 두 사람과의 협상이라도 어려울 수 있고, 여덟 명, 아홉 명 또는 열 명이 함께할 때는 서로가 방해가 되는 것으로 느낄 수도 있으며, 반대로 생산적이라고 느낄 수도 있다. 때때로 단지 두세 명이 만나는 것이 더 낫다고 느끼는 경우도 있는데, 특히 문제가 복잡할 때 그렇게 느끼는 경우가 많다. 전문가들은 대부분 적은 사람들과 함께 일할 때 더 자유롭게 말하고, 어려움을 털어놓는 부분에서 생겨날 수 있는 부담감도 줄일 수 있다.

사각 댄스(한 사각형에 네 쌍)가 필요할 때도 있고, 또 어떤 때는 볼과 볼을 맞대는 춤이 세상에서 가장 멋지다고 생각되거나 필요하게 된다. 사람들이 너무 많이 붐벼 방해가 될 때 시간을 절약하는 방법 중 하나는 규모가 작아야 하는 모임은 어떤 것인지, 어떤 경우에 전체 팀을 집합해야 하는지를 알아차리는 것이다. 더 많은 것이 항상 더 좋은 것은 아니다.

〈네 번째 차원〉 역할 기대: 누가 이 댄스를 이끌고 있는가

마이카의 어머니로서 파트너십 댄스에 대해 배운 네 번째 차원은 분명한 역할에 대한 명백성의 필요성이다. 즉, 누가 이러한 파트너십 댄스를 이끄느냐 하는 것이다. 역사적으로 의학적 모델에 의하면, 전문가들은 전문적 지식과 권위를 가진 사람들로 여겨졌다. 이런 전문가들이 댄스를 이끈다. 전문가들은 댄스가 나아가야 할 방향을 제시하고 음악을 정한다. 이제 우리는 부모가 전문가라는 것에 대하여 더 많이 이야기하는 것을 듣는다. "부모들이 그들의 아이에 대해서 가장 잘 압니다." 여러 가지 면에서 이러한 접근에 동의한다. 나는 나의 남편과 마이카에 대하여 누구보다 많이 알고 있다. 특히, 우리는 19년 동안 부모 역할을 해왔기 때문에, 무엇이 마이카의 주의를 끄는지(정치와 스포츠) 알고 있다. 마이

카가 주의를 계속 끌고 싶을 때나 무슨 말을 해야 할지 잘 모를 때 이따금씩 이야기를 반복한다는 것을 안다. 또한 마이카가 다른 사람과 어울리려면 코치가 필요하다는 것도 안다. 마이카가 사람의 기분을 읽어 내는 데 특별한 능력이 있으며, 통찰력과 동정을 가지고 반응한다는 것도 잘 알고 있다.

동시에 우리는 여전히 그의 마음에 대해 잘 모르고 이해하지 못하는 부분도 있다. 특히, 성인이 되었을 때 마이카의 미래에 대해서는 알 수가 없다. 그의 미래에 대한 불확실성은 마이카가 어렸을 때 특히 강했다. 나는 스스로의 '모성 본능(mother instinct)'에 대해 별로 신뢰하지 않았다. 마이카가 어렸을 때, 전문가들은 좋은 의도지만 현실적이지 못한 말(자동적이고 일상적인 말, 그러나 특별한 의미가 없는 말)로, "당신은 전문가입니다, 피알카!"라는 말을 잘 했고, 나의 마음은 칠판을 깨끗하게 지운 것처럼 백지상태가 되기도 했으며, 때로는 깊이가 있거나 적어도 일관성이 있는 무언가를 이야기하고 싶었으나 할 수 없다는 이유로 몸이 떨리기도 하였다. 초기에 나는 '마이카가 무엇을 할 수 있는가?' 보다는 '무엇을 하지 않았는가?'를 더 많이 알았다. 나에게 "당신은 전문가입니다."라고 하는 말은 일상생활에서 어머니로서 마이카와 함께 키득거리고 욕조에서 첨벙거리는 것 같은 친숙한 역할로부터 멀어지게 만든다. 또한 두꺼운 보고서와 외국어로 된 약어들로 높이 쌓인 전문가의 책상으로 나를 밀어 넣는 것과도 같다. "전문가? 그것이 무슨 뜻입니까?"

나는 전문가라는 생각에서 멀어지기를 원하고, 대신 '기여자(contributor)'라는 이름으로 불리기를 원한다. 각 댄서, 즉 전문가와 부모는 아동의 이해에 기여한다. 우리의 특별한 기여는 그 아동에 대하여 다른 면과 관점을 제공함에 따라 더욱더 서로 연결되며, 발전하고, 쌓여 간다. 운동장 쪽을 보는 측면도 있고, 미술실 쪽을 보는 측면도 있고, 저녁식사를 하는 쪽을 보는 측면도 있고, 아버지의 무릎 위에서 펄쩍펄쩍 뛰는 것을 보는 측면도 있다. 우리가 기여하는 하나하나는 중요하다. Ann Hartman(1993)이 전문가들에게 다음과 같이 이야기하며 이러한 생각을 전달하였다. "우리는 전문가로서의 역할을 포기하여야 합니다. 그리고 고객의 이야기와 경험이 실제에 유용하게 적용되도록 해야 합니다. ……우리는 우리의 지식을 버리지 않습니다. 단지 우리는 그러한 지식을 지나치게 강조하는 것을 그만둡니다. 뿐만 아니라 우리는 우리의 지식을 조심스럽게 그리고 겸손하게, 단지 이러한 것은 많은 진실 중 하나임을 인식하면서 실제에 적용합니다……."

원 주변을 맴돌고, 여러 가지 진실을 넘나들고, 관철하는 행동을 하는 파트너들을 봤을 때, 사각 댄스가 떠올랐다. 그것은 다음 파트너의 손에 의해서 우리가 다음 장소로 안내되는 것과 같다.

〈다섯 번째 차원〉 우선순위가 다른 것: "당신은 내가 듣는 것을 듣습니까?"

다섯 번째 차원에서는 우선순위를 다룬다. 부모들과 전문가들에게 있어 우선순위는 종종 다르다. 이것은 우리가 각각 헤드폰을 끼고 자신에게 맞는 선율, 가사 그리고 리듬에 따라서 음악을 듣는 것과 같다. 거기에는 어머니, 아버지의 노래, 언어병리학자의 노래, 신

경학자의 노래 그리고 교사의 노래가 있다. 때때로 우리가 순간적으로 동의하는 유일한 노래는 '잭, 떠나거라. 다시는 돌아오지 마(여기서 사라져).'다.

마이카가 두 살쯤 되었을 때, 상담 교사는 매주 우리 집에 왔었다. 우리 집에 자주 온 이유는 마이카의 '즐거움과 치료'를 위해서였다. 어느 아름다운 봄날, 우리는 밖에서 놀기로 하였다. 우리가 뒤뜰로 나갔을 때 우연히 옆집을 보았는데, 그 집 딸이 그네에서 놀고 있었다. 상담 교사는 그 소녀가 마이카와 비슷한 또래임을 알고 "마이카를 위해서 옆집의 아이와 놀이 친구를 맺는 것이 좋겠어요."라고 이야기하였다.

나는 그녀의 생각을 곧바로 이해하였지만 그동안의 경험을 들려주었다. "어떤 날은 좋겠지요." 나는 망설이면서 이야기를 계속하였다. "우리가 마이카의 잘 움직이지 않는 팔근육을 얼마나 많이 연습시키고 잡아당기고 밀든지 간에, 친절하지만 잘 모르는 그 소녀는 끊임없이 마이카가 무엇을 할 수 없는지 상기시킬 거예요. 수도 없이 많은 날 동안 그 소녀는 우리의 잃어버린 꿈을 회상시키고 말 거예요." 그제야 상담 교사는 나를 주의 깊게 쳐다보았고, 나의 관점을 비로소 이해하였다. "나는 지금껏 그렇게 생각해 본 적이 없어요. 하지만 당신이 이런 사항을 나에게 말해 주어서 무척 기뻐요. 당신의 경험은 내가 당신이 속해 있는 세상을 볼 수 있도록 도와주었어요.” 상담 교사는 그녀의 지식과 경험에만 의존하는 전문가가 사용하는 헤드폰을 빼고, 내가 가진 헤드폰을 끼고서 나의 음악과 가사를 듣기 시작했다. 이러한 상호작용은 다음과 같은 사항을 기억나게 하였다. 파트너십 댄서로서 우리는 반드시 어려움을 감수해야 했고, 각자의 헤드폰을 파트너에게 주어야 하며, 서로의 음악과 경험을 기꺼이 들어야만 했다. 그리고 항상 이러한 태도를 가질 수는 없다는 사실을 염두에 두는 것이 부모-전문가 파트너십을 강화하는 데 더 효과적이다. 물리치료사가 어머니에게 아이가 숟가락을 가지고 적절하게 사용하는 것을 도우라고 제안하였을 때, 치료 전문가는 가족이 식사하는 동안 혼란을 겪게 될 수도 있다는 사실을 알아야 한다. 이는 실로 매우 중요하다. 새로운 권장 사항을 가족들에게 적용할 때, 전문가는 가족들에게 일련의 질문을 하여야 한다. “집에서 할 수 있는 새로운 접근법을 제안하였는데, 제가 빠뜨린 것은 없나요? 이것이 어떤 변화를 가져올 것 같은가요? 이것이 가족의 일상생활을 어떻게 방해할 것 같은가요? 부모인 당신을 이해하기 위해 저에게 필요한 것은 무엇인가요?”

이러한 질문의 형태는 부모들이 그들의 음악이나 관점을 함께 나누도록 한다. 그래서 전문가의 추천 사항은 적절할 수 있고, 실제적이 될 수 있고, 운영 가능할 수 있다. 이는 부모들에게 ‘나는 당신의 참여가 필요합니다.’라는 메시지를 주게 된다.

이러한 다섯 가지 차원—선택, 강요된 친밀감, 파트너십 역할, 파트너들의 수 그리고 우선순위—은 모든 댄스에 존재하고, 모든 부모-전문가의 파트너십에 존재한다. 어려움을 겪을 때, 서로의 기분을 상하게 할 때, 우리가 이 댄스—이 모임—에서 없었으면 하고 느낄 때, 어떤 부분이 좀 더 탐색되거나 설명될 필요가 있는지를 결정하기 위해서 앞의 다섯 가지 이슈들이 검토되어야 한다. 그러나 여기서 문제가 되는 것은 과연 이 차원들이 우리의 파트너십에 스며들 것인가, 아닌가 하는 것이 아니다. 물론 그것은 분명 스며들 것이다. 문제시되는 것은 우리가 이러한 차원들을 인식할 의지가 있는가 하는 것이고, 이를 의논하면서 그러한 것들을 함께 해결하기 위한 충분한 용기를 가지고 있는가 하는 것이다.

우리의 파트너십에 대한 노래는 적어도 다음과 같은 후렴구—당신을 알게 되는 것, 당신의 모든 것에 대하여 알게 되는 것—로 시작되어야 한다. 만일 부모와 전문가가 아이들을 위해서 좋은 기회를 만들어 주고 싶다면, 양쪽 파트너의 꿈, 희망, 두려움, 강박관념 그리고 관점을 알기 위한 시간을 가져야 한다. 우리의 헤드폰을 벗고 특별한 관심을 가지고 서로의 음악을 들어야 하며, 부모들의 음악과 독특한 댄스 스텝을 겸해서 들어야 한다. 진심으로 아동을 잘 알려면, 우리(부모와 전문가)는 반드시 서로를 잘 알아야 하며, 부모와 전문가가 아닌 인간으로서 아동을 알아야 한다. 이러한 것은 인내, 신뢰 그리고 우리 자신을 아는 것뿐만 아니라 서로를 많이 아는 것이 요구되는 어려운 일이다. 이것은 우리가 아동의 삶에 변화를 줄 수 있는 가장 의미 있는 방법 중 하나다. 아동들은 사실상 이러한 관계에서 중요한 댄서(star dancer)다.

주

훌륭한 통찰력, 편집상의 코멘트와 지원에 대하여 Carolyn McPherson과 Karen Mikus(Ph. D.)에게 감사한다. 더욱이 그들의 파트너십 이야기를 함께한 많은 부모들과 전문가들에게 진심 어린 감사의 마음을 전한다. (Janice Fialka: ruaw@aol.com)

참고문헌

Birkmeier, K. (1993, December 3). *Nurturing and empowering the family while treating the child with a disability.* Presentation for Project REACH Early On, Pontiac, MI.

Fialka, J. (1997). *The dance of partnership: Why do my feet hurt?* Keynote address delivered at the Division for Early Childhood (DEC) of the Council for Exceptional Children (CEC) Annual Conference, New Orleans, LA.

Fialka, J. (2004). *The dance of partnership: Why do my feet hurt?* Workshop conducted for the Iowa Department of Education-Parent/Educator Connection Conference, Ames, Iowa. Retrieved from the Internet July 23, 2004, at http://www.danceofpartnership.com.

Fialka, J., & Mikus, K. (1999). Do *you hear what I hear? Parents and professionals working together for children with special needs.* Ann Arbor, MI: Proctor Publishers.

Hartman, A. (1993). The professional is political. *Social Work, 38*(4), 365-366.

Webster's new world dictionary (College ed.) (1968). Cleveland, OH: World Publishing.

조기중재와 유아 특수교육에 있어서 협력과 팀 구성

Eva Horn, Ph.D., University of Kansas
Hazel Jones, Ph.D., University of Florida

우리는 린디가 26개월 때 처음 만났는데, 그녀는 IDEA의 Part C 영유아 조기중재 프로그램에 의뢰되었다. 린디의 발달을 돕기 위해 적절한 조기중재 서비스를 제공하기 위해서는 다양한 전문가들과 린디의 할머니로 구성된 팀의 협력이 필수적이라는 사실을 즉시 깨달았다. 더욱이 그녀가 세 살(지금으로부터 10개월 후)이 되었을 때 적절한 통합 프로그램이 가능하다면 팀은 유치원으로의 전이를 계획하고 실행하기 위하여 유치원 서비스를 포함하는 것까지 확대시켜 나가는 것이 필요할 것이다. 팀은 개별화 가족 서비스 계획(IFSP)을 개발하였고, 이것은 린디의 특별한 요구를 만족시키기 위한 것이었다. 또한 이것은 린디로 하여금 통합 유치원 프로그램의 참여를 가로막는 장벽을 극복하기 위한 전략을 설명하며, 분명하고 상세하게 서술된 전이 계획을 포함하고 있다.

린디와 그녀의 할머니는 시골의 작은 마을의 끝에서 이동식 주택에서 살았다. 구석진 곳에 살고 있어서 무엇보다도 교통이 문제였다. 그녀의 할머니는 건강이 좋지 않아서 운전을 할 수 없었으며, 교통 지원(transportation resources)도 가능하지 않았다. 그래서 교회의 구성원들이 가능할 때마다 교통편을 도와주었다. 린디의 주치의는 매번 검진에서 그가 틀렸다는, 즉 그녀가 살아 있다는 증거를 확인하였다. 그 의사는 그녀가 몇 주밖에 살 수 없으리라 믿었지만, 그녀는 새로운 기술을 안정된 속도로 습득해 나갔다. 린디는 지적장애, 뇌성마비 그리고 심각한 건강장애를 포함하는 중복장애를 가지고 있다. 그녀는 튜브에 의지해서 살아가고, 정기적인 흡입(suction, 수분 제거)을 필요로 하며 자주 숨을 헐떡거린다고 기록에 적혀 있다.

팀은 린디의 유치원으로의 전이 서비스를 계획하게 되었는데, 시골 지역에서는 린디뿐만 아니라 어떠한 아동이라도 프로그램에 대한 선택의 폭이 매우 좁았다. 커뮤니티 유치원이나 아동보육 프로그램도 없었다. 그 지역의 학교 지구들은 특수교육 협력 프로그램에 참여하였고, 이러한 프로그램들에서 ECSE 프로그램을 제공하였다. 이 프로그램들은 35마일이나 떨어진 큰 타운에 있었기 때문에 린디의 할머니는 위급한 상황에서 도움을 받을 수가 없어 마음이 편하지 않았다. 헤드 스타트(Head Start)는 지역 내에서 가정을 기반으로 한 프로그램이었으며, 센터 기반의 프로그램은 한 곳밖에 없었다. 하지만 헤드 스타트 관련자들은 린디의 요구에 맞출 수 있는지에 대하여 확신이 없었다.

조기중재 팀은 린디에게 서비스를 계속했고, 린디가 세 살이 되었을 때 확장된 팀들과 특수교육 관련 서비스가 제공되는 가정 기반 헤드 스타트 프로그램으로 신중하게 전이를 계획하였다. 모든 팀 구성원들(조기중재와 유치원)은 린디가 필요로 하는 장비 구입 및 할머니의 비용 부담을 돕기 위한 기금 모금 활동을 위하여 지역 커뮤니티에서 주최하는 토요일 밤 빙고(Saturday night Bingo)에 자주 갔다. 린디의 팀원들은 교사나 물리치료사나 간호사로서가 아니라 인간 대 인간으로 서로를 알게 되었다.

이제 세 살 반이 된 린디는 헤드 스타트 센터에 일주일에 세 번, 오후 동안 참석한다. 그녀는 건강이 안정됨에 따라 센터에서 보내는 시간이 점점 많아졌다. 린디는 주변의 아동들에게 관심을 가지게 되었고, 그들은 항상 그녀가 도착하기를 기다렸다. 헤드 스타트 센터의 교직원들은 그녀가 특별한 방법으로 건강 관리를 해야 한다는 사실에 익숙해졌고, 이제 린디가 단순히 그룹의 관찰자가 아니라 그룹의 한 부분이 될 수 있도록 그녀가 필요로 하는 장치를 사용할 수 있게 되었다. 관련 서비스 제공자들과 유아 특수교육자들은 교육 팀의 모든 구성원들이 린디의 프로그램에 참여하고 있는지 확인하기 위해 계속해서 그녀의 집과 헤드 스타트 센터를 방문하였다.

린디가 겪는 어려움은 많았다. 예를 들면, 그녀의 장애의 심각성, 가족의 제한된 자원, 그녀의 좋지 않은 예후, 지역 자원에 대한 제한된 접근 그리고 외진 곳에 있는 집 등이 그것이다. 린디를 위한 포괄적인 유치원 교육 프로그램을 개발하는 것은 쉽지 않았다. 그것은 바로 이루어지지는 않았지만, 마침내 이루어졌다. 그녀의 팀 구성원들은 린디를 위하여 함께 일하면서 어려움을 극복하였고, 린디는 이제

> 다른 유아들처럼 유치원에 다닌다.
>
> – '통합의 원(Circle of Inclusion)' 에서 채택됨

장애를 가진 아동을 효과적으로 지원하기 위해서 교육자들은 부모와 관련 서비스 전문가 그리고 다른 교육자들(특히, 일반 교육자와 특수교육자) 및 준전문가들과 협력해야 한다. 또한 장애를 가진 영아와 유아들에게 서비스를 제공할 때는, 나이 든 학령기 아동들보다 협력 팀의 구성이 더욱 필요하다. 린디처럼 장애를 가진 영유아들은 종종 많은 영역에서 필요로 하는 사항을 가지고 있으므로 여러 학문 영역에서 지원이 필요하다(Hooper & Umansky, 2004). 더욱이 특수아동협회 유아교육분과의 추천 실제에 의하면, 조기중재와 유아 특수교육 서비스는 다학문적 접근이 필요하고, 가족 중심이 되어야 하며, 장애가 없는 아동들에게도 적절한 환경에서 제공되어야 한다(Sandall, McLean, & Smith, 2000). 특수아동들의 부모들에게 가능한 서비스 전달 범위는 관계 전문가들의 유형을 확장시킨다. 유아들의 욕구를 충족시키기 위해서 의사 결정에 있어서 완전한 파트너로서 다양한 사람들—건강 보조 제공자, 인적자원 관계자, 아동 보육 전문가, 교육자, 아동의 가족—의 서비스를 필요로 할 수도 있다. 그러므로, 협력은 서비스 제공에 있어 중요한 요소다. 영아, 유아 그리고 그들의 부모들에게 최적의 결과를 보장해 주기 위해서 말이다.

무엇이 협력인가

협력은 다양한 사람들이 함께 일하는 것 그 이상의 일이다. 각기 다른 영역에서 전문성을 가진 개인들이 문제점을 해결하기 위하여 필요한 것을 파악하고, 전략을 발견하기 위한 과정이다(Horn, Thompson, & Nelson, 2004). 협력은 대개 다른 영역에서 제각각 전문성을 지닌 개인들이 상호 간의 목표를 달성하기 위하여 함께 일하는 과정으로 묘사된다(Correa, Jones, Thomas, & Morsink, 2005). 효과적인 협력은 여러 가지 요인에 의해 좌우된다. 무엇보다도 협력은 참여자들이 공통의 목표를 공유하고, 결과에 대해 책임을 지고, 모든 참여자의 기여를 중시하는 자율적인 노력이다. 뿐만 아니라 협력은 상호 간의 신뢰를 포함하고 문제 해결 과정에 있어서 모든 영역에서의 참여가 요구된다. 게다가 협력의 중요한 부분은 참여자들이 가까운 장래에 과제를 완성할 수 있도록 함께 일함으로써 관계를 형성해 나가는 것이다(Villa, Thousand, Paolucci-Whitcomb, & Nevin, 1990).

상담을 하는 것과 팀을 짜는 것은 특수교육에 있어 공통적인 형태다. 특별한 정보나 전문성이 필요할 때, 일대일 상담은 전형적으로 일어나며 대체로 일방적이다. 전문가는 조언이나 보조 상담을 요구하는 사람들에게 특별한 문제나 이슈들에 집중할 수 있도록 도와준다. 반면에 팀은 공통적인 목표를 달성하기 위하여 상호작용하는 방법으로 함께 일하는 전문가들의 조직화된 그룹이다. Correa와 동료들(2005)은 상호작용적 팀(interactive team)이라는 것은 구성원들의 상호작용적 노력이 특수아동을 위한 가능한 성과를 최상의 형태로 이루어 내는 것이라고 하였다. 비록 제공하는 서비스들이 다른 학문영역(disciplines)에서 제공하는 것과 다르다 할지라도, 포괄적이고 일관된 프로그램을 제공하는 잠재적 가능성은 그러한 일에 관계된 사람들이 따로 떨어져서 일할 때보다 함께 일할 때 증가한다. 상호작용적 팀은 특수아동을 위하여 계획을 세우고, 실행을 하고, 프로그램의 수행을 위하여 정보와 전문성을 공유하고 자원을 모은다. 이러한 과정을 통해서 참여자들이 각각의 구성원들의 강점을 수립해 나가도록 한다.

팀의 형태

팀은 함께 일하기 위한 구조적인 틀을 제공하고, 합의된 운영 절차에 기반한다. 팀을 형성하는 과정에서 세 가지 중요한 모델—① 다학문적(multidisciplinary), ② 학제간(interdisciplinary), ③ 초학문적(transdisciplinary)—이 제시된다(Cloninger, 2004; Rainforth & York-Barr, 1997). 그러한 모델은 다음과 같이 소개된다.

다학문적 팀은 각각 다른 영역에서 전문성을 가진 전문가들이 공통의 목적을 향해 함께 일하는 동안 각자의 관찰이나 발견을 공유하는 의학적 모델로부터 발달되었다. 그러나 각 전문가들은 제각기 일하고, 고립된 상태로 아동 프로그램의 평가, 계획, 시행을 한다. 따라서 계획이 진행됨에 따라 중재 방법은 서로 반대될 수도 있고, 일반화하는 문제에 대하여 소홀해질 수도 있다.

학제간 팀은 다양한 구성원들을 포함하지만 정보와 서비스의 조정에 더욱 집중한다. 각 전문가들은 개별적으로 프로그램을 평가하고, 계획하고, 수행한다. 그러나 팀은 빈번하게 정보를 공유하기 때문에, 그 결과 중복되는 부분은 적고 서비스 전달은 더욱 상호 보완적이 된다. 평가와 중재 계획의 모든 면에 대해 정보를 공유하는 것이 팀 구성원들 사이의 공식적인 규칙이다. 하지만 이 접근법의 제한점은 중재가 다학문적 팀 모델처럼, 각 학문 분야의 전문성 및 경향성(orientation)과 계속해서 관련된다는 것이다. 팀 구성원들이 때때로 역할에 대한 관점이나 다른 학문의 전문성을 이해하거나 존중하지 못할 때, 전문 영역의 문제가 대두될 수 있다(Bailey, 1996).

초학문적 팀에서는 전문가와 가족들이 역할을 공유하고, 평가하고, 계획을 세우고, 중재할 때 의도적으로 학문의 경계선을 넘나든다. 이것은 팀 구성의 모델 중 가장 협력적인 형태인데, 그것은 모든 구성원들이 많은 도움을 필요로 하는 아동과 가족의 다양한 필요성에 초점을 맞추기 때문이다. 가족 구성원들과 전문가들은 목표를 달성하기 위하여 함께 일한다. 초학문적 팀은 부모들이 활동적이고 동등한 자격으로 참여하도록 하며, 서비스가 중복되어 전달되지 않도록 노력한다(Bailey, 1996). 중요한 역할을 담당하는 사람은 아동의 프로그램을 계획하는 데 있어 선두적인 위치를 차지할 것이다. 반면에 다른 팀 구성원들은 지식과 기술을 공유하고, 역할을 교환하고, 학문을 넘나드는(cross-disciplinary) 훈련에 관여하게 된다(Briggs, 1993). 각 구성원들은 지식을 공유하고 새로운 기술을 배우는 데 있어서 반드시 개방적이어야 한다.

초학문적 접근은 조기중재/유아 특수교육 분야에서 추천되는 실제다. 그것은 ① 서비스의 중복을 피하고, ② 아동의 전반적 발달을 통합적인 것으로 보며, ③ 가족을 동등하게 팀에 기여하는 파트너로서 생각하는 면을 강조하기 때문이다(Sandall et al., 2000). 초학문적 팀의 정의에 맞게 효과적으로 어우러지게 하기 위하여, 모든 구성원들은 반드시 협력하여야 한다.

초학문적 팀 모델의 실행은 유동적이고 발전하는 하나의 과정으로 간주되어야 한다. 팀은 초학문적 상태의 성취와 그 성취를 위하여 그들이 작업하는 범위를 정의할 필요가 있다. 예를 들면, 팀을 형성하는 데 있어서 린디의 팀 구성원들이 처음에 조기중재 서비스에 의뢰되었을 때, 팀은 학제간 모델로서 기능하였다. 이후 개방적이고 수용적인 상황에서 서로 간에 신뢰하고 존중하는 관계가 발전되어 감에 따라 초학문적 모델에 점점 가까워졌다. 예를 들어, 린디의 팀이 유아교육/유아 특수교육 커뮤니티로부터 구성원들을 포함하면서 팀에서의 역할, 관계, 책임 그리고 우선순위가 재조정되어야 했다.

협력의 목적

협력은 관여하는 교육자, 아동 그리고 가족들에게 여러 가지 혜택을 준다. Johnson과 Johnson(1987)에 따르면, 공동 작업 관계(cooperative work)는 보다 높은 목표 성취 및 지원율 그리고 보다 많은 만족을 증진시킨다. 협력으로부터 생겨나는 성과는 ① 교육 방법과 관련된 생각의 공유, ② 지원책의 폭넓은 시야의 획득, ③ 참신하고 상황에 기반을 둔 실제의 전개, ④ 목표에 대한 교감의 증가, ⑤ 교사 효능감을 증가시키는 피드백의 획득(Weasmer & Woods, 1998) 등을 포함한다. 유아교육자, 보육자 그리고 가족 구성원들은 전문가들과 함께 일할 기회를 가지게 되며, 아동의 학습에 대하여 전문적인 조언을 받는다. 전문가들은 아동이 목표로 하는 기술을 사용하는 자연스러운 환경에서 일할 수 있는 기회를 갖는다. 아동이 필요로 하는 기술은 그러한 기술이 사용될 만한 상황에서 교수된다. 가족은 보다 큰 커뮤니티와 유치원 환경의 자연스러운 상황에서 일어나는 학습을 볼 수 있다.

상황, 형태, 학문 영역에 걸쳐 사람들이 협력하는 이유는 세 가지 기본적인 범주로 나눌 수 있는데, 이는 기술적인 지원 제공, 동료 간의 협력 관계 개발 그리고 문제 해결이다(Fishbaugh, 2000). 이러한 기본적인 협력의 목적은 다양한 영역의 전문가들과의 상호작용을 통하여 일어난다. Pugach와 Johnson(2002)은 발생할 수 있는 다양한 상호작용을 고려하여, 협력을 위한 다면적인 틀(framework)을 제안하였다. 전문가들은 협력적으로 일하고, 상황에 따라서 네 가지 역할—① 지원적 역할, ② 촉진적 역할, ③ 정보 제공의 역할, ④ 처방적 역할—사이를 왔다 갔다 한다.

동료로서 지원적인 역할을 제공한다는 것은 협력에 있어서 가장 중요한 측면 중 하나이며, 이러한 측면이 건전한 작업 환경을 만들고 유지시키기도 한다(Pugach & Johnson, 2002). 지원 자체는 대인관계적(interpersonal)일 수도 있고 전문적인 것일 수도 있으나 대인관계적인 지원은 필수적이다. 왜냐하면, 우리가 함께 일하는 사람들과 서로의 삶(예: 결혼, 출생, 이혼, 가족과의 사별)을 공유함으로써, 그들을 알게 되기 때문이다. 대인관계적인 지원은 서로에게 신경 써 주는 공동체로의 발전을 꾀한다. 전문적으로, 동료들은 새로운 교수 방법을 시도해 본다거나 초임 교사들에게 멘토링을 제공하는 방법을 통해서 어려운 상황을 극복해 나가도록 서로를 지원한다.

촉진자적인 역할에 있어서 목표는 동료들이 자신들의 기술을 발전시키고 실제적인 면을 증진시킬 수 있도록 도와준다. 학생들의 필요에 적합한 수업 방법의 개발이나 동료가 새로운 기술을 배우는 것을 도와주는 데 있어, 촉진자는 동료 코칭을 통하여 기술을 사용하는 것을 모델링할 수 있고, 그 기술을 직접 보여 줄 수도 있으며, 피드백을 제공할 수도 있다. 또한 동료들이 아동이나 교실 문제를 해결하는 것을 도와주기 위한 촉진자적 역할은 모든 가능한 정보와 전문 지식을 종합하여 창의적인 해결책을 내놓음으로써 그들을 지원할 수도 있다(Johnson & Pugach, 1991).

정보를 제공하는 역할은 특별한 문제에 대하여 정보를 제공하고, 취해야 할 단계를 알려 주는, 협력 관계에 있어서 전문가들이 할 수 있는 가장 직접적인 역할이다. 정보를 제공하는 역할은 적절한 자원에 관련된 지식을 전달하거나 그 문제를 지원할 수 있는 다른 전문가들을 소개해 주는 역할을 한다.

처방적인 역할(prescriptive roles)은 전통적인 위계적 컨설턴트 모델에 기인한다. 현재의 협력적인 노력이 이 형태에서 멀어지고 있지만, 이것을 모두 포기할 필요는 없다. 수업적인 접근을 실행함에 있어서 어려움을 겪는 초임 교사가 도움을 요청할 때는 처방적인 역할이 필요할 수도 있다.

효과적인 협력의 요소

비록 협력이 조기중재/유아 특수교육에서 공통적으로 실행되는 형태지만, 효과적으로 실행하는 데 있어서는 장벽이 있을 수 있다. 협력과 팀에 관한 문헌에서 종종 인용되는 장벽은 책임에 대한 혼란, 협력하는 데 필요한 시간의 부족, 철학적 · 문화적 차이, 팀 미팅에서 팀원들의 참여 부족, 부족한 자원, 행정적 지원의 결여, 학교와 가족 관계에 집중하는 데 있어 조직적인 측면의 어려움 등이 있다(Correa et al., 2005 참조). 이 같은 어려움 때문에, 무엇이 협력을 잘 이끌 수 있는지 이해하는 것이 중요하다. 다음의 사항은 효과적인 협력의 주요 요소를 설명한다.

행정적 · 관리적 지원

협력적인 환경을 발전시키는 데 있어 행정가의 역할은 결정적이다(Leonard & Leonard, 1999). 프로그램과 기관 지도자로서의 행정가들은 협력과 팀워크를 촉진할 수 있는 체계를 향상시키기 위하여 일을 한다. 그들은 모임과 반성을 위한 시간을 제공하고, 협력을 위한 자원을 할당하며, 팀 구성원들을 위하여 전문성 개발 활동을 부여하고, 가족들과 친밀한 관계를 형성해 나가도록 함으로써 그러한 실행 계획 문제를 해결하는 위치에 있다. 무엇보다 중요한 것은, 행정가들은 협력적 분위기를 조성하고 그러한 분위기에서 의사소통한다는 것이다.

의사소통

효과적인 의사소통은 성공적인 협력을 하는 데 있어 필수적이다(Pugach & Johnson, 2002). 대인 간 의사소통은 모든 인간 간의 상호작용의 기본이고, 겉보기에는 단순해 보이지만 과정은 복잡하고 동시다발적으로 일어나는 다양한 측면을 포함한다. 의사소통은 메시지를 보내는 사람과 메시지를 받는 사람의 역할로 나뉘는데, 메시지를 보내는 사람과 받는 사람의 역할은 계속해서 바뀌게 된다. 보낸 메시지는 비언어적 의사소통에 의하여 종종 영향을 받는다. 적극적으로 듣는 것, 명확히 하는 것, 숙고해 보는 것 그리고 요약하는 것과 같은 기술은 의사소통을 효과적으로 촉진해 준다. 협력을 위하여 정해진 시간이 중요하다 해도, 의사소통은 도착하는 시간, 출발하는 시간, 점심시간 그리고 낮 동안의 다른 전이 시간과 같은 비형식적인 상황 속에서 종종 일어난다.

함께하는 비전, 목표 그리고 주인의식

협력적인 노력의 목표가 확실시되고, 동의를 구하는 것은 중요한 일이다. 이러한 노력은 목표를 달성함에 있어서 함께 일하겠다고 하는 다짐과 공동 주인의식 및 전문적인 일에 대한 책임감이 개인적인 실패의 위험에 대하여 느끼는 부담감보다는 낫다고 하는 믿음에서 시작한다(Mostert, 1998). 협력 관계에 참여하는 사람들은 최종적인 결정에 대하여 책임을 지며, 그 성과에 대해서 책무성을 지닌다.

역할의 명확성

팀의 구성원들은 자신의 분야에서 능력을 드러내고, 다른 사람들의 역할과 능력을 이해하고 인정해 주어야 한다. 해야 할 역할을 이해한다는 것은 모든 구성원들이 팀에 기여할 만한 어떤 것을 가지고 있다는 것을 알게 해 주며, 다른 사람들이 기여하는 것을 가치 있는 것으로 깨닫도록 도와준다(Lieber, Beckman, Hanson, Janko, Marquart, Horn, & Odom, 1997). 다른 사람들의 역할을 이해하고 능력을 인지하는 것뿐만 아니라, 팀 구성원들은 반드시 자신의 지식을 활용할 수 있어야 하며, 그러한 지식을 다른 사람들과 공유하여야 한다.

팀 구성원의 개성

상호작용이 활성화된 팀에 있어서 개인은 팀 구성원들의 문화적인 차이를 반드시 알아야 하며, 배경과 교육적 경험 그리고 전문성 개발의 단계에서 다양함이 존재한다는 것을 알아야 한다. 이러한 변수들은 팀의 문제 해결과 결정에 영향을 미치며, 팀의 진행 과정의 한 부분으로서 탐색되어야 한다(Lieber et al., 1997). 팀의 구성원들은 전문 영역이 각각 다르기 때문에, 구성원들 간에 이러한 전문성을 공유하기 위한 전략이 필요하다. 공개적으로 공유하는(open sharing) 것을 지원하는 환경은 기여를 위한 시간의 할당, 구성원들이 그들의 전문성을 기여하기 위해 전략을 짤 수 있는 충분한 시간의 제공, 비판적이지 않으면서 공유하도록 하는 데 필요한 규칙들로 구성된다. 팀 구성원들은 협력적인 과정에서 동등하게 대우받으며 동일한 목표를 염두에 두고 일한다. 이러한 과정 속에서 어느 누구도 다른 사람보다 더 낫다고 주장할 수는 없다.

팀 형성

결과적으로, 팀을 형성하는 것은 시간이 걸리는 과정이고, 발달적 단계를 통해서 진보해 가는 과정이다. 팀 형성에서 잘 알려진 모델은 다섯 가지 발달단계를 포함한다(Tuckman & Jensen, 1977). 팀이 형성되는 단계에서는, 팀 구성원들에 의해서 방향이 설정되고 목적이 세워진다. 스토밍(storming)의 단계에서, 팀 구성원들은 갈등과 양극화(polarization)를 유발할 수 있는 역할과 절차에 대해서 질문한다. 팀은 구성원들이 역할을 재정의하고, 목표를 재수립하며, 신뢰를 형성하는 과정을 통해 정상화(norming)를 수립한다. 수행(performing) 단계는 구성원들이 과제를 완성함으로써 발전한다. 결과적으로 구성원들이 과제를 성공적으로 완성했는지를 결정할 때 팀은 종결(adjourn)된다. 팀은 새로운 문제나 구성원에게 변화가 생기면, 다섯 단계를 거치면서 이전 단계로 후퇴하거나 다음 단계로 나아갈 수 있다.

결 론

전문가들은 서비스를 제공하는 영유아와 그들의 가족을 위해 팀을 구성하고 협력함으로써 발생하는 서비스 수혜자에 대한 혜택을 인식함에 따라, 교육자로서 그들의 기대 또한 변한다. 어떤 서비스 제공자는 다음과 같이 말한다. "유치원(특수교육)은 노력하고 있습니다. 다시 말해, 노력이라 함은 협력적인 모델입니다……. 우리 중 그 누구도 마술을 부릴 수는 없습니다. 우리의 목적을 달성시킬 수 있는 것은 바로 우리의 협력입니다"(Lieber, Beckman, & Horn, 1999: 7). 비록 한 개인이 조기중재나 유아 특수교육을 좀 더 협력적으로 만들 수는 없지만, 그러한 방향으로 나아가는 데 있어 중요한 역할을 할 수는 있다. Pugach와 Johnson(2002)은 개인적인 팀 구성원들이 성공적인 협력자로서 갖추어야 할 몇 가지 개인적 특징과 기술로서 긍정적인 태도, 주도성, 융통성 그리고 효과적인 의사소통 전략을 제안하였다.

이러한 특성과 기술이 어떻게 영향을 미치는지 알아보기 위해서 린디의 사례로 돌아가 보자.

- **변화에 대하여 긍정적인 태도를 가져라** 린디의 헤드 스타트 프로그램에 속한 교사들은 린디를 지원하는 자신들의 능력에 대해 자신 없어 하고, 린디의 할머니는 자신이 아닌 다른 사람들이 린디를 보살피는 것에 대하여 걱정하고 있었다. 반면에 린디에게 혜택을 주기 위하여 서로 밀접하게 일했던 경험은 팀

이 성장하고 뻗어 나갈 수 있는 기회였다.

- **주도하라** 학교 지구의 유아 특수교사와 함께 일하는 조기중재 스태프들은 린디와 할머니를 위하여 헤드 스타트 프로그램과 함께 일할 것을 제안하였다.
- **융통성을 발휘하라** 사람들이 팀이 되어 일할 때 융통성은 중요하다. 변화와 협상은 불가피하기 때문에 린디의 팀 구성원들은 커뮤니티 내에서 함께 일하고, 유용한 자원을 이끌어 내는 데 있어서 창의적인 방법으로 생각하였다. 그것은 마치 커뮤니티 빙고 게임을 이용할 때 나타나는 것과 같다.
- **형식적 · 비형식적 측면에서 의사소통 전략을 발전시켜라** 린디의 팀은 형식적인 의사소통 전략을 효과적으로 사용하였다. 예를 들면, 팀 구성원 간의 정기적이고 직접적인 상호작용, 모든 다른 팀 구성원들을 위한 서면 기록의 전달 그리고 정기 월례 팀 미팅 등이다. 또한 커뮤니티 내에서 우연적인 상호작용과 같은 비형식적 전략은 팀 유대를 강화한다.

이러한 전략을 통하여 린디의 팀은 수준 높은 조기중재 프로그램과 유치원을 제공하기 위하여 함께 잘 협력하였고, 각자의 역할을 잘 해내는 팀으로 성장하였다.

참고문헌

Bailey, D. (1996). An overview of interdisciplinary training. In D. Bricker & A. Widerstrom (Eds.), *Preparing personnel to work with infants and young children and their families* (pp. 3-22). Baltimore: Paul H. Brookes.

Briggs, M. H. (1993). Team talk: Communication skills for early intervention teams. *Journal of Childhood Communication Disorders, 15*, 33-40.

Circle of Inclusion (n.d.) *Transitioning from inclusive early childhood programs to kindergarten.* Retrieved from http://www.circleofinclusion.org/on July 30, 2004.

Cloninger, C. J. (2004). Designing collaborative educational services. In F. P. Orelove, D. Sobsey & R. K. Silberman (Eds.), *Educating children with multiple disabilities: A collaborative approach* (4th ed.) (pp. 4-25). Baltimore: Paul H. Brookes.

Correa, V., Jones, H., Thomas, C. C., & Morsink, C. V. (2005). *Interactive teaming: Consultation and collaboration in special programs.* Upper Saddle River, NJ: Prentice Hall.

Fishbaugh, M. S. (2000). *The collaboration guide for early career educators.* Baltimore: Paul H. Brookes.

Friend, M., & Cook, L. (2003). *Interactions: Collaboration skills for school professionals* (4th ed.). Boston: Allyn and Bacon.

Hooper, S. R., & Umansky, W. (2004). *Young children with special needs* (4th ed.). Upper Saddle River, NJ: Prentice Hall.

Horn, E., Thompson, B., & Nelson, C. (2004). Collaborative teams. In C. Kennedy & E. Horn (Eds.), *Including students with severe disabilities* (pp. 17-32). Boston: Allyn & Bacon.

Johnson, D. W., & Johnson, R. T. (1987). Research shows the benefits of adult cooperation. *Educational Leadership, 45*(3), 27-30.

Johnson, L. J., & Pugach, M. C. (1991). Peer collaboration: Accommodating the needs of students with mild learning and behavior problems. *Exceptional Children, 57*(5), 454-461.

Leonard, L. J., & Leonard, E. E. (1999). Reculturing for collaboration and leadership. *Journal of Educational Research, 92,* 237-242.

Lieber, J., Beckman, P. J., Hanson, M. J., Janko, S., Marquart, J. M., Horn, E., & Odom, S. L. (1997). The impact of changing roles on relationships between professionals in inclusive programs for young children. *Early Education and Development, 8,* 67-82.

Lieber, J., Beckman, E., & Horn, E. (1999). Working together to provide services for young children with disabilities: Lessons from inclusive preschool programs. In S. Grahman & K. R. Harris (eds.), *Teachers working together: Enhancing the performance of students with special needs* (pp. 1-29). Cambridge, MA: Brookline Books.

Mostert, M. E. (1998). *Interprofessional collaboration in schools.* Needham Heights, MA: Allyn & Bacon.

Pugach, M. C., & Johnson, L. J. (2002). *Collaborative practitioners, collaborative schools* (2nd ed.). Denver, CO: Love Publishing Co.

Rainforth, B., & York-Barr, J. (1997). *Collaborative teams for students with severe disabilities: Integrating therapy and educational services* (2nd ed.). Baltimore: Paul H. Brookes.

Sandall, S., McLean, M., & Smith, B. J. (2000). *DEC recommended practices in early intervention/early childhood special education.* Longmont, CO: Sopris West.

Tuckman, B. W., & Jensen, M. A. C. (1977). Stages of small group development revisited. *Group and Organization Studies, 2,* 419-427.

Villa, R., Thousand, J., Paolucci-Whitcomb, E., & Nevin, A. (1990). In search of new paradigms for collaborative consultation. *Journal of Educational and Psychological Consultation, 1*, 279-292.

Weasmer, J., & Woods, A. M. (1998). I think I can: The role of personal teaching efficacy in bringing about change. *The Clearing House, 71*, 245-247.

문화적, 언어적으로 반응적인 조기중재 팀으로의 발전

전도유망한 실제들

Michaelene M. Ostrosky, Ph.D., University of Illinois at Urbana-Champaign
Hwa Lee, Ph.D., Bradley University Peoria, Illinois

패티는 조기중재자로서 다양한 집단의 사람들과 함께 일하는 부분에 있어서 인종, 언어, 사회경제적 지위 그리고 다른 차이점에 관계없이, 열린 마음을 가지고 대하는 한 부가적인 지식이나 훈련이 필요하지 않다고 항상 믿어 왔다. 패티가 자라 온 지역은 시골인데, 대학을 들어가기 전까지는 유색인종을 본 적이 없었다. 교사가 되기 위한 교육을 받는 과정 내내 자신이 나중에 전문적인 역할을 하게 될 때 효과적인 팀 구성원이 될 수 있을 것이라고 확신했다. 그러나 현재, 실제에서는 문화와 언어적 환경이 다른 가족들이나 동료들과 함께 일할 때 어려움을 느꼈다. 그녀는 장애에 대한 관점이 다르고, 조기중재 서비스의 수혜를 거부하는 가족들에 대해 비판적인 자신을 발견하였다. 패티는 팀 미팅에서 종종 혼란스럽고 불안했는데, 다른 문화적 배경을 가지고 있는 작업치료사와 언어치료사가 함께할 때는 더욱 불안하였다. 패티의 동료이자 가까운 친구인 애나의 이야기에 패티는 강한 호기심을 가졌다. "나는 가족들이 나에게 그들의 흥미나 꿈을 이야기하게 합니다. 때때로 그들에게 필요한 것은 누군가 기꺼이 들어 주는 것입니다. 당신이 다른 문화에서 온 누군가와 앉아서 당신이 가지고 있는 모든 생각을 버리고 단지 그들의 이야기를 들을 때, 당신은 그들이 자신과 얼마나 비슷한지를 알게 됩니다." 패티는 가족들과 다른 팀 구성원을 만날 때 이 이야기를 생각하기 시작했다. 패티는 자신의 믿음과 태도 그리고 행동에 대하여 숙고하기 시작하였고, 자신과 그녀의 학제간 팀이 문화적으로나 언어적으로 더욱 반응적이 되려면 무엇을 해야 하는지 숙고하기 시작하였다.

앞의 사례에서 설명한 것과 같은 상황은 조기중재 프로그램에서 흔히 볼 수 있는 일이다. 비록 몇몇 조기중재(Early Intervention: EI) 프로그램은 서비스를 받는 가족의 인종과 비슷한 사람들을 고용하고자 노력하지만(Lee, Ostrosky, Bennett, & Fowler, 2003), 조기중재에서(출생에서 세 살까지) 이루어지는 서비스는 일반적으로 백인(유럽형 미국인)에 의해서 제공된다. 그들은 대부분 중산층이고, 한 가지 언어만을 사용하고, 한 가지 문화에 속해 있으며, 백인적인 가치관을 가지고 있다(Lynch & Hanson, 2004). 많은 EI 전문가들은 아동 발달에서 서구적 모델이 지속되고, 한 가지 서비스 전달 모델이 모든 가족에게 적용되지 않을 때 어려움을 겪게 되었다. 예를 들면, 모든 사람들이 그들의 아이가 침실에서 혼자 잠들기 원하지 않으며, 영아 스스로 숟가락으로 밥을 먹기를 원하는 것은 아니다. 마찬가지로, 모든 부모들이 아이들의 발달에 대하여 '전문가'로 간주되기를 원하지는 않는다. 또한 모든 가족들이 전문가들이 그들의 집을 방문하여 특수아동에게 서비스를 제공하기를 원하는 것은 아니다. 어떠한 문화적인 혹은 언어적인 그룹의 구성원들 사이에서 그리고 그룹 간에 있어서 차이라는 것이 존재한다. 가족들이 특별한 지원을 필요로 하는 아이를 위해 무엇이 최선인지를 고려하게 될 때, 사회경제적 지위, 교육적 지위, 이민 상태, 의학적 치료에의 접근성, 종교적 믿음, 고용성 그리고 영어 유창성과 같은 모든 변인은 가족이 우선시하고 필요로 하는 것에 따라 달라진다(Bailey, Skinner, Rodriguez, Gut, & Correa, 1999; Correa, 1992; Kalyanpur & Harry, 1999; Lynch & Hanson, 2004; Sontag & Schacht, 1993).

특수아동협회 유아교육분과(DEC)와 국제유아교육협회(NAEYC)는 모든 가족들의 독특성을 이해하고 존중하는 것이 중요하다는 것을 강조한다(Sandall, McLean, & Smith, 2000). 문화적인 능력을 발달시키는 데 있어 추천 실제가 강조하는 것은 예비 전문가와 현장에서 일하는 전문가들에게 그들의 문화를 살펴보게 하고, 유아 발달과 실제에 영향을 미칠 수 있는 다른 문화적 요소들에 관해서 배우고 존중하는 기회를 제공하는 데 집중하는 것이다(Miller & Stayton, 2000; Stayton, Miller, & Dinnebeil, 2002). 부가적으로 가족 문화, 가치 그리고 언어에 대한 DEC의 진술은 "아동들과 함께 일하는 개인은 각 가정의 문화, 가치 그리고 언어를 존중하고 가치 있게 생각하며 이를 지지해야 하고, 모든 가족들이 활발히 참여할 수 있도록 하여야 한다."(p. 1)는 것이다. 전문 영역에 상관없이 조기중재 전문가들은 가족의 문화를 존중하고, 함께 일하는 다른 팀 구성원들을 존중하는 등의 추천 실제를 제공하는 데 있어서 여러 가지 어려움에 직면하게 된다. 문화적 상황이 역동적이기 때문에, 이처럼 끊임없이 변화하는 상황은 전문가들이 유아들과 그 가족과 함께 일하는 데 있어서 평생학습자가 될 것을 요구한다(Bredekamp & Copple, 1997).

조기중재에서 문화적으로 적절한 서비스를 제공한다는 것은 모든 서비스 제공에 있어서 문화적 요소를 고려하며, 아동의 선별에서 중재와 후속 조치에 걸쳐 있는 개별화 가족 서비스 계획(Individual Family Service Plan: IFSP) 개발에서도 문화적 요소를 고려한다는 것을 말한다.

팀 구성원들이 유아들에게 혜택을 주기 위해서 함께 일하는 데 있어서 문화적으로 그리고 언어적으로 다양한 배경을 가진 전문가들과 가족들 사이에 존재하는 믿음과 가치의 차이는 서비스를 성공적으로 전달하는 데 방해가 될 수 있다(Harry, 1992). 문화적으로 반응적인 팀의 구성원들은 문화적인 다양성을 다루는 데 있어서 편안하게 느끼는 것이 필요하다. 만일 팀의 구성원이나 팀을 이끄는 누군가(예: 행정가)가 문화적 반응성에 대해 편안하게 느끼지 않거나 그것이 중요하지 않다고 느끼면, 문화적 반응성은 무시될 가능성이 높다. 많은 연구자들과 전문가들은 특별한 지원을 필요로 하는 개인과 그들의 가족을 위하여 문화적으로 적절한 서비스를 강화하기 위하여 지침 원리와 전략을 제시하였다(Anderson & Fenichel, 1989; Chan, 1990; Hanson & Lynch, 1992; Harry, 1992; Knox, 1996). 이러한 문헌들로부터 우리는 문화적·언어적으로 적합한 서비스를 제공하기 위하여 다섯 가지 실제를 규명하였다(〈표 1〉 참조). 이러한 실제들은 장애 영유아에게 제공되는 서비스에 긍정적인 영향을 미칠 수 있다. 다양한 학문 분야의 전문가와 가족들이 서비스 계획, 서비

〈표 1〉 문화적 · 언어적으로 적합한 실제

조기중재에 있어서 문화적 · 언어적으로 적합한 실제
• 문화에 대한 구체적인 지식 획득하기 • 사람들과 효과적으로 의사소통하기 • 전문가 자신의 문화와 가족의 문화에 대해 숙고하기 • 서비스 제공의 모든 면에 가족을 참여시키기 • 가족들에게 가능한 지원과 서비스를 최적화하기

스 전달, 조기중재 서비스 평가 분야에서 팀이 되어 협력할 때, 특수아동들에게 제공되는 서비스에 긍정적인 영향을 미칠 수 있다. 이 논문의 중요한 부분으로서, 다섯 가지 실제적인 방법을 차례로 설명하고, 실제를 위한 구체적인 전략의 예를 제시하고자 한다.

문화에 대한 구체적인 지식 획득하기

문화에 대한 구체적인 지식을 얻는 것은 팀이 문화적으로나 언어적으로 다양한 가족들과 함께 일을 해 나가는 데 가장 중요한 실제 중의 하나다(Chan, 1990; Correa, 1992; Hanson & Lynch, 1992; Harry, 1992; Knox, 1996; Sileo, Sileo, & Prater, 1996; Wayman, Lynch, & Hanson, 1990). 가족 구성원들과의 토의를 통하여 가족의 문화에 대해 배우는 것, 가족이 사용하는 일차적인 언어의 기본적인 용어를 배우는 것 그리고 가족의 문화적 실제에 대한 지식을 획득하기 위하여 주요 커뮤니티 구성원들과 의사소통하는 것은 이러한 실제에 있어서 능숙해지는 방법이다. 예를 들면, 처음 페이지로 돌아가서, 패티의 조기중재 팀의 언어치료사인 재키는 이러한 활동에서 가족이 제공하는 정보에 많이 의존한다. 학제간 팀은 가족의 모국어 노래와 게임을 가족에게서 배우는 방법에 대해 재키에게 알려 준다. 재키는 새롭게 배운 간단한 노래와 게임을 영아의 언어치료 시간에 활용한다. 재키와 같은 전문가들은 부모들이 그들의 자녀에 대하여 가장 잘 알고 있다는 믿음을 전달하고, 팀은 가족의 문화를 배움으로써 가족에게 진실한 관심을 표현한다.

가족의 문화를 더 잘 배우기 위하여 책이나 논문 등의 자료를 살펴보는 것은 아동과 가족을 이해하고, 장애를 보는 관점과 이해를 폭넓게 할 수 있다. 보육(care)은 최신의 정보를 얻고자 노력하여, 문화 속에 존재하는 많은 하위 집단(집단 사이와 집단 내부에도 존재하는 차이점이 그러하듯이) 사이에서 발생하는 가족들에 대한 적절하지 못한 가정(assumptions)을 하는 것을 피해야만 한다(Lynch & Hanson, 2004). 아동 관련 문헌들이(Derman-Sparks & the A.B.C. Task Force, 1989) 적절한지를 평가하고, 가족에 관련한 정보를 모으는 데(Fowler, Santos, & Corso, 2004) 있어 유용하게 활용될 만한 지침서들이 있다. 이러한 지침서들을 사용하고 수정하는 것은 팀이 그들의 프로그램에서 현재 사용하거나 사용할 예정인 자료나 방법을 평가하는 데 도움이 된다. 각 가족의 시각과 그들의 독특한 요구 조건을 무시하지 않고 특정한 문화적 지식을 얻는 것이 가장 중요하다. 문화인류학의 측면에서 본다면, 가족 구성원들이 가장 최근의 정확한 정보를 제공할 수 있기 때문에, 이러한 문화적 지식과 정보를 얻는 데 그들이 중요한 자원이 될 수 있다.

사람들과 효과적으로 의사소통하기

효과적인 의사소통은 문화적으로 적합한 서비스를 제공하기 위해서 자주 제안되는 요소 중 하나다(Anderson & Fenichel, 1989; Harry, 1992; Lynch & Hanson, 2004). 전문가들과 가족들 간의 상호작용에 있어서 전문가들은 가족들이 인지하는 바를 고려하고, 전문가들의 통제에 있어서 균형을 맞추고, 의사소통을 할 때 전문용어를 사용하지 않아야 한다(Lynch & Hanson, 2004). 비록 전문가들이 가족들의 문화에 대하여 상세하게 알지 못한다 할지라도, 효과적인 의사소통 전략을 통해 가족들에게 좀 더 문화적으로 반응하는 서비스를 제공할 수 있다. 가족들은 그들의 문화적 가치나 실천에 관련된 정보를 전문가들과 공유하기를 원한다. 그러므로 가족 구성원들이 생각한 바를 자유롭게 공유할 수 있는 가족 친화적인 분위기를 조성하는 것이 중요하다.

처음의 사례로 돌아가 보면, 애나가 통역자, 보조원, 치료사, 사회복지사 그리고 부모뿐만 아니라 모든 팀 구성원들과의 의사소통을 확실히 한다는 것을 알 수 있다. 그녀는 가족의 문화를 배우기 위해서 가족 구성원들과 적극적으로 토의하였다. 우선, 애나와 그녀의 조기중재 팀은 그들 자신의 생각이나 아이디어를 너무 많이 공유하는 것은 삼간다. 대신에 가족 구성원들이 필요로 하는 것을 말로 표현하게 함으로써 그 가족이 아동과 가족의 문제를 다루는 데 있어서 능력과 자신감을 가질 수 있도록 격려한다. 애나와 그녀의 학제간 팀은 가족 구성원들이 중재 프로그램에 포함시키고 싶어 하는 아이디어를 묻고, 그 팀이 가족과 의사소통을 더 잘할 수 있는 방법을 알려 줄 것을 요구한다고 보고하였다. 전문가들은 주의 깊게 듣고, 가족들이 그들의 일상생활에 대하여 이야기하도록 하고, 개방적인 질문을 많이 한다. 예를 들면, '도널드를 혼자서 양육하는 것에 대해서 어떻게 생각합니까?' '당신의 딸 에린과 함께하는 삶은 어떻습니까?' '당신이 글로리아를 위해서 생각하고 있는, 우리가 반드시 다루어야 할 구체적인 목표가 있습니까?' 등이다. 게다가 문화적으로 다양한 팀들과 광범위하게 일한 경험이 있는 동료들과 함께 브레인스토밍을 하는 것은 다양한 문화적 배경을 가진 팀 구성원들 간의 효과적인 의사소통을 지원하는 실제적인 면에 있어서 더 많은 아이디어를 제공할 수도 있다.

문화적으로 반응적인 언어와 비언어적인 의사소통 기술을 보여주고, 다양한 가족 구조 내에서 부모의 권위와 역할에 있어서 다른 관점을 존중하는 것은 다른 사람과 효과적으로 의사소통하는 실제(practice)에 대한 중요한 구성 요소다. 예를 들면, Florian(1987)이 제안한 것은 문화적인 것과 관련이 깊은 의사소통의 비언어적 측면, 예를 들면 개인적인 공간과 거리, 몸짓, 눈빛, 얼굴 표정 그리고 흉내 내기와 같은 것들을 이해해야 한다는 것이다. 또한 전문가들이 생각하기에는 적절하다고 여겨지지만 가족들에게는 불쾌할 수도 있는(Gonzalez Alvarez, 1998) 단어의 사용은 피해야 하며, 가능하면 가족이 사용하는 언어를 써야 한다(Anderson & Fenichel, 1989). 이중 언어 또는 이중 문화의 배경을 가진 사람들을 고용하는 것은(때때로 '문화적 중개인'이라고 불림) 조기중재 전문가들과 배경이 다양한 가족 사이에서 의사소통을 촉진하는 중요한 전략이 될 수도 있다.

Chen, McLean, Corso 및 Bruns(2004)가 지적한 것은 두 가지 이상의 언어를 쓰고, 두 가지 이상의 문화에 친숙한 스태프들을 훈련시키고 고용하는 것은 여러 기관이 참여하는 커뮤니티 협력에 의해서 이루어질 수 있다는 것이다. 그러한 스태프 구성원들은 다음과 같은 특성, 즉 조기중재 서비스에 대한 자신의 문화적 믿음과 가치에 대한 지각, 다른 사람들이 수용하고 조절할 수 있도록 도와주는 개인적이고 문화적인 교량 역할을 할 수 있는 능력, 팀 내에서 신뢰할 수 있는 관계를 형성할 수 있는 능력을 지닌다. 그러므로 조기중재 예비 프로그램과 조기중재 프로그램 내에서 주류가 아닌 사람들을 채용하고 유지하는 일은 아주 중요하다. 부가적으로, 부모 연락망(예: 다양한 문화적 그룹으로 구성된 이전의 조기중재 팀 구성원들)이 있으면 팀에 새로 들어온 부모들이 조기중재 서비스 전달체계에 더욱 편안함을 느끼도록 도울 수 있다.

통역자를 활용하는 것은 프로그램 구성원들을 통역자로 활용할 수 없을 때 의사소통을 원활하게 할 수 있다. 그러나 이러한 전략은 그리 간단한 것이 아니다. 전문 지식이 없는 통역자들에게 통역을 맡기는 것은 어느 정도는 효과적이다(Cuellar & Arnold, 1988). 그러나 전문 지식이 없는 대부분의 통역자들은 전문적으로 훈련받지 않았기 때문에 조심스럽게 활용하여야 한다. 통역자들은 팀 간의 관계의 역동성에 영향을 줄 수 있고, 만일 통역자들이 조기중재 체계를 이해하지 못한다면, 정확한 정보 전달에 있어서 문제가 생길 수 있다. Ohtake, Fowler와 Santos(2004)는 통역자를 선택하는 데 있어서 염두에 두어야 할 것을 제시한다. 통역자들은 효과적인 대인관계 기술, 특수교육 용어와 개념 그리고 관련자들의 문화, 가치, 전통에 대한 지식을 갖추고 있어야 한다.

전문가 자신의 문화와 가족의 문화에 대한 숙고

가족의 문화를 이해하는 것은 전문가들이 자신의 문화에 대하여 스스로 깨닫고 함께 일하는 가족들로부터 배우려는 의지를 필요로 한다(Anderson & Fenichel, 1989; Chan, 1990; Correa, 1992; DeGangi, Wietlisbach, Poisson, & Stein 1994; Gonzalez Alvarez, 1998; Harry, 1992; Lynch & Hanson, 2004). 게다가 전문가들은 자기 인식(self-awareness)을 증진시키고, 다른 사람들과 함께 반성적 실천을 하기 위하여 협력하여야 한다. 자기 인식을 향한 첫 번째 단계는 문화적 지향성(cultural orientation)에 대한 자기 자신의 신념, 가치 그리고 태도를 점검하는 것이다. 발달적 이정표, 독립성, 부모로서의 역할과 책임, 교실에서의 기대와 선호에 대하여 깊게 그리고 찬찬히 숙고해 보는 것은 자기 인식에 있어서 해야 할 첫 번째 단계다. 문헌을 통해 고려해 보아야 할 문제의 예들은 다음과 같다. 당신이 서비스(예: 독립성과 개별성)를 제공하기 위하여 제안한 추천 사항이나 아동의 어려움을 해석하기 위하여 기초가 되는 문화적 가치는 무엇인가? 당신의 자녀들을 키우기 위하여 어떤 가치, 믿음 그리고 기대를 가지고 있는가? 당신이 성장하면서 문화적 특성 때문에 당신의 가족들이 친구들의 가족들이 하는 것과 다르게 했던 것이 있는가? 당신이 특별한 집단의 사람들에 대해 갖는 판에 박힌 생각이나 편견이 어떻게 친구들의 가족들과 상호작용하는 데 방해가 되는가? 그리고 당신은 그 편견을 어떻게 극복할 것인가?

문화적 배경이 다양한 영유아들과 그들의 가족들에게 서비스를 제공하기 위하여 문화적 반응성이나 인식 훈련에 참여하는 것은 중요하다. 그러나 그것은 문화적으로 혹은 언어적으로 반응적인 팀을 발전시키는 데 있어서 단지 하나의 구성 요소일 뿐이다. 처음에 우리가 예를 든 것처럼, 패티의 조기중재 팀의 작업치료사인 유미는 문화적으로 반응적으로 되기 위해 워크숍에 참여해서 어떤 문화적 집단에 관하여 배웠다고 보고하였다. 유미는 어떤 문화적 집단에 대하여 아는 것이 다음과 같은 이유로 두렵다고 이야기하였다.

> 어떤 문화적 집단에 대한 정보가 내가 함께 일하게 될 가족들과 팀 구성원들로부터 더욱 멀어지게 할 고정관념이 되어 버리는 것이 두려웠다. 워크숍은 차이점을 강조하였고, 나는 여전히 어떤 사람들은 나와 매우 다르다고 느꼈다. 그러한 생각을 하고 있다고 생각조차 못하는 뿌리 깊이 박혀 있는 편견을 정확하게 점검해 볼 수 있도록 도와주는 워크숍에 참여하고 싶다. 나는 대부분의 사람들이 문화적 다양성이 중요하다고 느끼지 못하는 팀 미팅에서 그 문제를 다루는 것이 편안하지 않다.

이러한 비평은 모든 팀 구성원들이 생각을 공유하고, 다른 사람들의 생각을 물어보고, 서로의 생각에 도전하는 것조차도 편안하게 느끼도록 하는 개방적이고 수용적인 교육 환경을 만드는 데 있어서 행정적이고 체계적인 지원이 중요하다는 것을 상기시킨다.

서비스 제공의 모든 면에 가족을 참여시키기

Cook, Klein 및 Tessier(2004)는 다음과 같이 진술하였다.

> 효과적인 서비스 전달은, 가족의 스트레스와 가족 기능에 영향을 미치는 요소 및 특수아동을 양육하면서 겪게 되는 어려움에 대하여 대처하는 가족의 능력을 포함하는 가족체계의 철저한 이해로부터 시작된다는 인식이 점차 많아지고 있다. 전문가들은 평가, 목표의 우선순위 그리고 중재를 계획하고 실시하는 계획 과정에서 중요시되는 협력적인 가족 주도형 파트너십을 증진함에 따라 전통적인 기관의 역할과 실제를 재점검해 볼 것을 촉구받고 있다. (p. 18)

문화적으로 혹은 언어적으로 다양한 가족들을 자녀 교육의 모든 측면에 포함시키는 방식을 적극적으로 권장한다(Anderson & Fenichel, 1989; Lynch & Hanson, 2004; Turnbull & Turnbull, 2001). 가족들이 선호하는 언어로 번역된 매체나 글로 표현된 자료를 공급하는 것과 문화적으로 적절한 장난감과 책을 사용하는 것은 이러한 실제를 시행하고 가족 구성원들이 조기중재 체계에 관여하도록 하는 데 있어서 첫걸음이 된다. 회의의 성격 조정, 가정방문 계획 등이 고려되어야 한다. 예를 들어, 가족과의 협력에서 조기중재 전문가는 회의 시간과 장소를 융통성 있게 정하고, 교통수단을 제공하며, 교통비나 아동 보육에 관한 재정적인 지원을 하고, 가족이 필요로 하는 것에 기초하여 훈련을 제공하고, 회의의 속도를 조절할 수 있다. 가족들로 하여금 서비스 제공의 다양한 측면에 참여하거나 참여하지 않는 것에 대해서 선택하도록 하는 것은 가족 계획, 가족의 요구 그리고 우선순위에 있어서 융통성 있는 특성을 고려한 것이다.

문화적으로나 언어적으로 반응적인 조기중재 팀에 가족이 관여하도록 지지하는 실제는 그들의 자녀들과 문화에 대한 가족의 관점과 통찰을 인식하고, 가족들과 전문가의 관점에 있어서 잠재적인 차이점을 규명하며, 어떤 가족들은 전문가의 추천을 시행하지 않을 수도 있는데, 이에 대해서는 이유를 조사하게 된다(Anderson & Fenichel, 1989; Gonzalez Alvarez, 1998; Sileo et al., 1996). 가족들의 문화적 가치가 내포된 개별화 가족 서비스 계획의 장기 목표를 수립하는 것은 아주 중요하다. 가족들이 그들의 의견을 자유로이 표현할 수 있도록 의사소통 전략을 세우고, 가정의 권위체계를 존중하고(Sileo et al., 1996), 많은 가족 구성원들이 참여하도록 지원하는 것은 (Lapoint, Boutte, Swick, & Brown, 1993), 서비스 전달의 전반적인 측면에서 문화적으로 다양한 가족들이 참여하도록 격려하는 방법이 될 수 있다.

가족이 이용 가능한 지원과 서비스의 최적화

문화적으로 다양한 가족들을 지원하기 위해 전문가들은 아이디어를 얻고자 하고, 이를 위해서 핵심이 되는 공동체 구성원들을 만나기도 하며, 같은 문화적 · 언어적 그룹에 속한 가족들 간이나 유사한 경험을 가지고 있는 가족들 간에 연계해 주기도 하고, 서비스를 받는 가족들의 복지에 영향을 미칠 수 있는 사회적 불합리와 불평등에 대항하는 모임에 연계해 줄 수도 있다(Benjamin, 1992; Hughes, 1992). 가족들은 사회 · 정서적 지원 외에도, 법률과 조기중재 체계 그리고 장애 관련 서비스에 대한 정보 및 자원의 지원이 필요할 수 있다. 전문가들은 가족들에 대한 보조를 확실하게 하기 위하여, 가족들의 사회적인 네트워크와 공동체 내에 존재하는 지원과 서비스의 범주를 최대화하고, 가족들에게 중요한 이벤트나 축하 행사 등을 계획할 수 있도록 가족들과 함께 일할 수 있다. 조기중재에서 가족이 우선이라는 것을 기억하고, 함께 일하는 가족들의 특별한 욕구를 존중해 주고 반응해 주는 것은 가족들의 다양한 특성과 강점 그리고 필요 조건을 고려하는 것이다.

사례로 돌아가서 발달치료 전문가인 루디는 다음과 같이 언급했다. "내가 생각하기에 함께 일하는 가족들을 위한 공동체적 이벤트에 참여하는 것은 훌륭한 것입니다. 가족의 사회생활과 네트워크에 참여함으로써 문화적으로 더욱 풍부한 지식과 관점을 갖도록 해 줄 것입니다. 더불어 그 공동체에서 이용 가능한 자원에 대해서 더 많이 배울 수 있을 것입니다." 루디와 같은 전문가들이 가족들의 사회적 이벤트에 참가하기를 원하는 반면에 대다수의 조기중재 전문가들은 루디처럼 하는 것이 그들의 직업에 있어서 지나치게 많은 책임을 요구한다고 생각한다. 사회적 이벤트에 참가하는 데 행정적인 지원이 없다면, 이러한 활동은 많은 전문가들에게 꽤 큰 어려움이 될 것이다.

잠재적인 장벽

이 논문에서 강조하는 다섯 가지 실제의 운영에 영향을 미치는 잠재적인 장벽은 다음과 같다. 즉, 계획할 시간, 자원(예: 자료를 번역하는 것과 회의에 참석할 통역자를 고용하는 것), 자료(예: 문화적으로 다양한 책과 오디오 자료), 인적자원(예: 하나 이상의 문화와 언어를 사용하는 스태프), 근무 중 연수다(Lee et al., 2003). 다양한 의견을 가치롭게 생각하고, 차이점을 인정하고 존중하며, 개방적이고 진솔한 의사소통을 배경으로 하는 등 프로그램에 대한 철학과 행정적인 지원이 필요하다. 문화적으로 반응적인 영역에 있어서 인식, 이해, 능숙함은 일생에 걸쳐 갖추어야 할 능력이다. 그리고 그것들은 하나의 과정을 수료하고, 워크숍에 참석하는 것만으로 쉽게 바뀌지는 않는다. 팀이 문화적으로 그리고 언어적으로 더욱더 반응적일 수 있도록 도와주는 많은 자원들이 있다(이 글의 참고문헌과 책의 끝 부분에 있는 '학제간 실제를 위한 유용한 자원'을 참고하라).

결 론

어떻게 문화적으로 반응적인 조기중재 서비스가 학제간 팀과 어울릴 수 있을까? 팀의 역동성은 팀을 구성하는 요소에 따라서 변화된다. 그러므로 새로운 가족이나 전문가가 팀에 합류했을 때 자기 반성적이고, 자기 인식적이며, 새롭게 성장할 수 있는 기회가 된다.

함께 일하는 전문가들과 가족들은 다른 팀 구성원들이 개별적으로 만들어 낼 수 있는 비전보다 훨씬 더 큰 비전을 창조할 수 있는 잠재력을 가진다. 그리고 조기중재 시스템은 팀이 문화적 · 언어적으로 반응적일수록 더욱 체계화될 수 있다.

끝으로 우리가 시작할 때 제시했던 사례의 팀을 한번 더 살펴보면, 많은 노력과 자아 성찰을 통하여 조기중재에서 패티의 관점과 역할이 확연하게 변했다는 것을 보여 준다. "우리가 효과적이고, 문화적으로 반응적인 팀이 되기 위해서는 모든 집단, 특히 가족 구성원, 관리자와 조기중재 전문가들이 협력하여야 합니다. 협력은 서로를 향한 진심 어린 존중을 기반으로 합니다. 문화적으로 반응적인 팀은 다양성을 진실로 존중하고, 다른 이들의 의견을 수렴합니다. 결론적으로 모든 팀 구성원들은 가족들에게 효과적인 방법으로 최선을 다할 필요가 있습니다. 팀 구성원들이 사실적인 지식만을 접하는 것으로는 충분하지 못합니다. 우리는 마치 팀 구성원들이 우리의 가족 구성원이었던 것처럼 다른 사람들을 존중하는 데 있어서 경험적이고 개인적인 실현을 성취하기 위해서 서로를 지지하고 도전할 필요가 있습니다."

주

Michaelene Ostrosky: ostrosky@uiuc.edu

참고문헌

Anderson, P. P., & Fenichel, E. S. (1989). *Serving culturally diverse families of infants and toddlers with disabilities.* Washington, DC: National Center for Clinical Infant Programs.

Bailey, D., Skinner, D., Rodriguez., E., Gut, D., & Correa, V. (1999). Awareness, use, and satisfaction with services for Latino parents of young children with disabilities. *Exceptional Children, 65*, 367-381.

Benjamin, M. E. (1992). Serving minority children who are severely emotionally disturbed and their families: The need for culturally competent systems of care. *OSERS News In Print,* Summer, 37-39.

Bredekamp, S., & Copple, C. (Eds.) (1997). *Developmentally appropriate practice in early childhood programs.* Washington, DC: National Association for the Education of Young Children.

Chan, S. (1990). Early intervention with culturally diverse families of infants and toddlers with disabilities. *Infant Young Children, 3*(2), 78-87.

Chen, D., McLean, M., Corso, R. M., & Bruns, D. (2004). Working together in early intervention: Cultural considerations in helping relationships and service utilization. In R. M. Corso, S. A. Fowler & R. M. Santos (Eds.), *CLAS Collection 2: Building healthy relationships with families* (pp. 39-55). Longmont, CO: Sopris West.

Cook, R. E., Klein, M. D., & Tessier, A. (2004). *Adapting early childhood curricula for children in inclusive settings.* Upper Saddle

River, NJ: Merrill Prentice Hall.

Correa, V. I. (1992). Cultural accessibility of services for culturally diverse clients with disabilities and their families. *Rural Special Education Quarterly, 11*(2), 6-12.

Cuellar, I., & Arnold, B. R. (1988). Cultural considerations and rehabilitation of disabled Mexican Americans. *Journal of Rehabilitation, 54*(3), 35-41.

DEC(Division for Early Childhood) (2002). *DEC position on responsiveness to family cultures, values, and languages.* Retrieved from the Internet July 24, 2004, at http://www.dec-sped.orglposition-papers.html

DeGangi, G. A., Wietlisbach, S., Poisson, S., & Stein, E. (1994). The impact of culture and socioeconomic status on family-professional collaboration: Challenges and solutions. *Topics in Early Childhood Special Education, 14*, 503-520.

Derman-Sparks, L., & the A.B.C. Task Force (1989). *Anti-bias curriculum: Tools for empowering young children* (pp. 143-145). Washington DC: NAEYC.

Florian, V. (1987). Cultural and ethnic aspects of family support services for parents of a child with a disability. In D. K. Lipsky (Ed.), *Family supports for families with a disabled member* (pp. 37-52). New York: World Rehabilitation Fund.

Fowler, S. A., Santos, R. M., & Corso, R. M. (2004). *Getting started: Culturally and linguistically appropriate screening, assessment, and family information gathering.* In S. A. Fowler, R. M. Santos & R. M. Corso (Eds.), *CLAS collection 1: Appropriate screening, assessment, and family information gathering* (pp. 57-59). Longmont, CO: Sopris West.

Gonzalez Alvarez, L. I. (1998). A short course in sensitivity training:

Working with Hispanic families of infants with disabilities. *Teaching Exceptional Children, 31*(1), 73-77.

Hanson, M. J., & Lynch, E. W. (1992). Family diversity: Implications for policy and practice. *Topics in Early Childhood Special Education, 12*(3), 283-306.

Harry, B. (1992). Developing cultural self-awareness: The first step in values clarification for early interventionists. *Topics in Early Childhood Special Education, 12*, 333-350.

Hughes, S. (1992). Serving culturally diverse families of infants and toddlers with disabilities. *Infant-Toddler Intervention, 2*(3), 169-177.

Iglesias, A., & Quinn, R. (1997). Culture as a context for early intervention. In K. Thurman, J. Cornwell & S. Gottwald (Eds.), *The context of early intervention: Systems and settings* (pp. 55-72). Baltimore: Paul H. Brookes.

Kalyanpur, M., & Harry, B. (1999). *Culture in special education: Building reciprocal family-professional relationships.* Baltimore: Paul H. Brookes.

Knox, J. (1996). Home-based services for southeast Asian refugee children: A process and formative evaluation. *Children and Youth Services Review, 18*(6), 553-578.

Lapoint, S. A., Boutte, G. S., Swick, K. J., & Brown, M. H. (1993). Cultural sensitivity: How important is it for effective home visits? *Day Care and Early Education, 20*(4), 11-14.

Lee, H., Ostrosky, M., Bennett, T., & Fowler, S. (2003). Perspectives of early intervention professionals about culturally-appropriate practices. *Journal of Early Intervention, 25*, 281-295.

Lynch, E. W., & Hanson, M. J. (2004). *Developing cross-cultural competence: A guide for working with children and their families.*

Baltimore: Paul H. Brookes.

Miller, E. S., & Stayton, V. D. (2000). Recommended practices in personnel preparation. In S. Sandall, M. McLean & B. J. Smith (Eds.), *DEC recommended practices in early intervention/early childhood special education* (pp. 77-88). Longmont, CO: Sopris West.

Ohtake, Y., Fowler, S. A., & Santos, R. M. (2004). Working with interpreters to plan early childhood service with limited-English-proficient families. In R. M. Santos, R. M. Corso & S. A. Fowler (Eds.), *CLAS collection 3: Working with linguistically diverse families* (pp. 37-48). Longmont, CO: Sopris West.

Sandall, S., McLean, M. E., & Smith, B. J. (Eds.) (2000). *DEC recommended practices in early intervention/early childhood special education.* Longmont, CO: Sopris West.

Sileo, T. W., Sileo, A. P., & Prater, M. A. (1996). Parent and professional partnerships in special education: Multicultural considerations. *Intervention in School and Clinic, 31*, 14-153.

Sontag, J. C., & Schacht, R. (1993). Family diversity and patterns of service utilization in early intervention. *Journal of Early Intervention, 17*, 431-444.

Stayton, V. D., Miller, P. S., & Dinnebeil, L. A. (2002). *Personnel preparation in early childhood special education: Implementing the DEC recommended practices.* Longmont, CO: Sopris West.

Turnbull, A. P., & Turnbull, H. R. (2001). *Families, professionals, and exceptionality: A special partnership.* New York: Merrill.

Wayman, K. I., Lynch, E. W., & Hanson, M. J. (1990). Home-based early childhood services: Cultural sensitivity in a family systems approach. *Topics in Early Childhood Special Education, 10*, 56-75.

삼자 간의 대화

가족, 서비스 제공자, 통역자의 협력

Yoshi Ohtake, Ph.D.
Rosa Milagros Santos, Ph.D.
Susan A. Fowler, Ph.D.
University of Illinois at Urbana-Champaign

서비스 제공자들과 가족 사이의 효과적인 의사소통을 위해서는 가족들이 가지고 있는 믿음, 가치, 생각과 감정 등을 이해하고, 상호 간의 신뢰를 쌓고, 서로를 존중해 주는 태도가 매우 중요하다. 특수용어를 사용하지 않는 의사소통을 하고, 무비판적으로 듣고, 가족과 서비스 제공자들에게 문제 논의을 위한 충분한 시간을 제공하는 방법과 같은 효과적인 의사소통 촉진법이 추천 실제로서 제공된다(Hyun & Fowler, 1995; Turbivile, Turnbull, Garland, & Lee, 1996). 그러나 이러한 추천 실제는, 가족 구성원들 사이의 주된 언어가 영어가 아닌 경우에 어느 정도까지 해당되고 수정되어야 하는지에 관해서는 충분히 조사되지 않았다.

서비스 제공자와 가족들 사이에 존재하는 의사소통의 장애를 극복하는 방법 중 하나는 두 가지 언어를 쓸 수 있고, 두 가지 문화에 익숙한 인력을 활용하는 것이다(Lynch, 2004; Lynch & Stein, 1987; Sosa, 1996). 그러나 두 가지 이상의 언어를 사용하는 스태프는 대다

수의 현장에서 매우 부족한 실정이다(Plata, 1993). 이러한 상황은 많은 서비스 제공자들이 통역자에게 의존하도록 한다. 여기서 통역자라고 하면 주로 발화적인 양식을(수화 통역사에 대조되는) 사용해서 영어를 가족이 사용하는 언어로 번역하거나 그 반대를 수행하는 이로 간주한다(Fradd, 1990; Langdon, 1994).

흥미롭게도 교육 현장에는 발화 언어의 통역자를 양성하는 공식적인 교육 프로그램을 실시하는 기관이 존재하지 않는다(Langdon, 1994). 그 결과 가족 내에서 사용되는 언어에 관한 한 보조교사, 사무원, 학교 청소 직원들이 통역자와 번역자로서의 역할을 수행해 왔다(Fradd, 1990). 이들은 대부분 효과적인 통역자로서의 교육을 받지 못했고, 그들의 서비스에 대한 최소한의 보답도 받지 못한 채 서비스를 제공해 왔다(Fradd, 1990; Langdon, 1994). 이중 언어(bilingual) 교육과 이중 문화(bicultural) 스태프 및 공식적으로 교육받은 통역자의 부족은 미래에도 계속될지 모른다(Plata, 1993). 가족과의 성공적인 의사소통이 이루어지려면, 서비스 제공자들은 통역자로서의 교육도 받지 않고, 특수교육 용어와 개념에 대한 지식도 없는 사람과 협력하기 위한 효율적인 전략을 알아 둘 필요가 있다(Lynch, 2004).

이 논문의 목적은 통역자 활용에 대한 문헌을 살펴보고, 가족 구성원과 서비스 제공자 및 특수교육자나 통역자로서 교육받지 않은 통역자들과의 의사소통을 효과적으로 촉진하는 방법을 알아보는 데 있다. 또한 이 논문의 초점은 팀 구성원들이 정보를 수집하고 전달하는 개별화 교육 계획(IEP), 개별화 가족 서비스 계획(IFSP), 가족회의 같은 그룹 모임에 있다. 여기서는 다음의 주제들, 즉 ① 통역

과정의 복잡성, ② 통역의 정확성 높이기, ③ 통역자 스타일, ④ 통역 과정의 심리사회적 측면이 논의될 것이다.

통역 과정의 복잡성

통역 과정의 복잡성을 인정하는 것은 모든 팀 구성원들에게 있어서 첫 단계다. 각각의 구성원은 가족과의 의사소통을 원활히 하기 위해 통역자와 작업할 때 그들의 역할과 책임을 고려해야 한다. 통역이란, 통역자가 대화자들이 살고 있는 문화와 전달하고자 하는 특정한 문장의 맥락을 고려하여 화자의 문장, 행동, 제스처에 관한 정보와 생각, 감정을 보태어 전달하는 과정이다(Egli, 1987; Fradd, 1990; Uhlenbeck, 1978; cited in Plata, 1993). 통역은 "……화자의 언어의 단어/구/절/문장을 청자의 언어의 단어/구/절/문장으로 대체하는……."(Plata, 1993, p. 20) 것과 같은 단순한 과정이 아니다. 화용론(사회적 맥락에서의 실질적인 의미)과 영어 문장의 뉘앙스(의미의 미묘한 다양성), 가족의 언어를 이해하는 것이 통역을 성공적으로 하는 데 있어서 중요하다(Plata, 1993).

예를 들어, 만약 통역자가 일본어로 된 문장 '나는 그 생각에 조금 동의하지 않는다(I don't agree with that idea, a little bit).'를 단순히 영어로 대체한다면, '그녀가 그 생각에 동의한다.'는 의미로 해석될 수 있다. 이 문장은 해석자가 가끔씩 '약간' 동의하지 않을 때의 절충점으로 화자가 일본 문화를 이해했다면 '그녀가 그 생각에 동의한다.'처럼 해석하지 않을 것이다. 만약 통역자가 번역의 기술적 · 문화적 측면을 고려했다면, 이 문장은 두 가지 방식으로 해석될 수 있을 것이다. ‘그녀는 그 생각에 동의하지 않지만, 만약 조건이 바뀐다면 동의할 수도 있다.’ 또는 ‘그녀는 그 생각에 동의하지 않는다.’ 궁극적으로 단어 대체와 문화에 대한 고려에 더해서 억양과 비언어적 행동, 맥락과 화자의 개인적인 스타일의 고려가 한 문장의 의미를 만들어 낼 것이다.

통역자는 일상생활에서 사용되는 화용론과 뉘앙스를 이해하는 데 더해서 특정한 분야에서 사용되는 단어와 구의 화용론 측면을 알 필요가 있다. 특수교육에서 사용되는 많은 용어들(예: 자연적 환경, IFSP)은 통역자가 이러한 개념과 역사, 원리, 실제 등에 대한 충분한 배경 지식을 가지고 있지 않을 경우, 잘못 이해되어 통역될 수도 있다(Plata, 1993). ‘최소제한환경(LRE)’과 같은 용어의 해석은 1975년부터 「장애아동교육법(Education of All Handicapped Children Act)」이 실행되고 난 이래로 논란거리가 되어 오고 있다. 장애 아동에게 ‘적절한 교육’을 제공하자는 해석과 장애 아동에게 가능한 한 ‘장애를 가지지 않은 아동과 같이 공부하는 활동’의 기회를 많이 제공해야 한다는 주장 사이에 갈등이 있다. 이러한 갈등은 법률 사례, 통합에 관련된 철학 그리고 교육 배경에서의 실제를 통해서 이해된다. 그러므로 통역자는 이러한 배경 지식 없이 정확하게 ‘LRE’를 해석할 수 없다.

게다가 통역자들은 가족의 문화적 배경을 고려한 화용론적 이해를 가족이 사용하는 언어로 번역할 필요가 있다. 예를 들면, 몇몇 국가들은 일반 학급과 특수학교가 있지만, 특수학급이나 홈스쿨링 같은 것은 존재하지 않는다. 만약 그들이 ‘LRE’와 같은 용어에 대응하는 용어를 가지고 있지 않을 경우, 통역자는 가족이 사용하는 모국어에 있는 교육 시스템의 용어(예: 일반 학급, 특수학교)를 'LRE' 개념을 설명하기 위해 사용할 수도 있다.

통역자는 청자의 이해를 돕기 위하여 화자에 의해 제공되는 정보를 정교하게 바꿀 필요가 있을지도 모른다(Egli, 1987). 그러나 Fradd(1990)와 Langdon(1994)에 의해 언급된 것처럼 통역자들은 그들 자신의 믿음, 가치, 사상, 감정을 해석 과정에 투입하거나 정보를 변환하고 왜곡해서는 안 된다. 통역자들이 자신의 작업이 어느 쪽으로도 치우치지 않게 하기 위해서는 자기 원칙과 자기 숙고가 필요하다.

통역의 정확성 높히기

팀 구성원과 가족들 사이에서 쓰이는 조음과 말하는 속도와 같은 개인적인 스타일과 방언은 통역 과정에서 영향을 미칠 수 있다(Johnson & Sussman, 1992). 팀 구성원들은 표준 영어를 구사하고, 천천히 분명하게 말하고, 통역자는 가족들이 사용하는 방언에 익숙해질 필요가 있다. 또한 아동이 서비스를 받는 기간 동안 한 가족에게 동일한 통역자를 고용함으로써 잘못된 해석을 줄일 수 있다. 그 이유는 양쪽 모두 서로의 의사소통 방식에 더욱 친숙하고 편안해져 있기 때문이다. 팀 구성원들은 더욱 정확한 해석을 제공하기 위해서 가족과 똑같은 방언을 사용하는 지역사회의 지도자와 만나거나 그 방언의 특성을 보여 주는 책과 같은 자료를 찾아볼 필요가 있다.

Harrison, Bhatt, Carey 및 Ebden(1988)의 연구에서 연구자들은 구자라트어를 사용하는 네 명의 환자를 비전문적인 통역자(예: 가족 구성원)를 통하여 진찰하는 의사들과의 인터뷰 과정에서 몇 가지 잘못된 해석의 패턴을 관찰하였다. 연구자들은 의학적 전문용어(예: 해부학상의 용어와 증상), 완곡한 표현(예: '죽음' 대신에 '돌아가셨다'는 말을 사용하는 것처럼 직접적이고 정확한 용어를 다른 용어로 대체해서 표현함), 차용어(즉, 두 가지 언어에서 사용되지만 다른 의미를 가지는 것, 예: 'cool'이 의미하는 것이 일본에서는 '표현이 없는 것', 미국에서는 '멋지다'는 의미로 사용됨) 등이 종종 잘못 해석되는 것을 알아냈다. 그들은 구자라트어에서는 인간의 신체 분류체계를 영어와 다르게 사용하기 때문에 의학적 용어가 잘못 해석된다고 지적했다. Harrison과 동료들(1988)은 통역자에 의한 잘못된 통역을 줄이기 위해서 팀 구성원들이 단어의 특성을 고려해야 한다고 제안한다. 전문용어의 사용을 자제하는 것이(Langdon, 1994; Leung, 1996) 오역의 빈도를 줄일 수 있는 방법이기도 하다. '의미론(semantics)'이란 용어 대신에 '단어의 의미' 같은 말로 바꾸어 사용하는 것이 언어치료 병리학에 대해 잘 모르는 통역자에게 이해가 좀 더 잘될 수 있다.

마지막으로 Harrison과 동료들(1988)은 의사와 구자라트어를 사용하는 환자 간의 인터뷰에서 몇몇 질문들이 완전히 잘못 해석되거나 전혀 해석되지 않았다고 보고하였다. 그들은 한 가지 질문 속에 다른 질문이 포함되는 복합적인 질문에서 오역을 일으킬 확률이 높다고 하였다(예: "만약 내가 컵을 놔두지 않는다면, 환자가 밥과 주스를 동시에 먹지 않게 하는 데 도움이 될까요?"). 통역자는 일련의 연속된 질문이나 선택의문문 등을 통역할 때 어려움을 느낀다(예: "그녀가 잠자리에서 우는 것이 무엇을 의미하는지 이해합니까? '엄마, 이리 와.' 또는 '무서워요'라는 의미인지 압니까?"). 통역자들은 단순한 질문에는 거의 어려움을 느끼지 않는다(예: "이것에 대해서 어떻게 생각하나요?"). 간단한 문장이 복잡한 문장보다 훨씬 쉽게 통역된다는 사실은 전혀 놀랍지 않다.

통역자 스타일

회의에서 전형적으로 사용되는 두 가지 통역 유형이 존재한다. 순차통역과 동시통역(Fradd, 1990; Langdon, 1994)이 그것이다. 순차통역에서는 짧은 정지 이후에 통역자가 메시지를 분할해서 통역한다(보통 두세 개의 문장을). 동시통역에서는 화자가 메시지를 전달하는 순간 통역자가 메시지를 전달하기 시작한다. 순차통역(consecutive interpretation)이 더 많은 시간을 소모하는데, 통역 서비스 없이 이루어지는 회의보다 거의 두 배의 시간을 소모한다. 동시통역의 경우는 통역자에게 훌륭한 기억 능력과 빠른 반응을 요구한다(Langdon, 1994). 교육 현장에서는 노련한 통역자의 고용이 어렵기 때문에 오역의 가능성을 최소화하고, 통역자에 대한 압박이 덜한 순차통역이 권장된다(Egli, 1987).

통역 과정의 심리사회적 측면

통역 과정에서는 세 가지 형태의 관계가 존재한다. 즉, 서비스 제공자와 통역자, 통역자와 가족, 서비스 제공자와 가족이다. 관계의 역동성은 통역 과정에 중요한 영향을 미칠 수 있다. 또한 구성원들은 통역자와 작업할 때 다음의 네 가지 사항—① 통역자의 반응에 민감해지기, ② 제삼자를 통해서 사적인 정보를 요구하는 것에 대하여 인식하기, ③ 통역자가 중립을 유지하도록 하기, ④ 통역자와 파트너십 형성하기—을 고려해야 한다.

첫 번째로, 팀 구성원들이 통역자의 반응에 민감할 필요가 있다. 각각의 팀 구성원은 어려운 해석이나 오역을 가리키는 단서를 알 필요가 있다(Fradd, 1990; Langdon, 1994). 만약 통역자가 정보가 전달된 후에 즉각적으로 통역 과정을 시작하지 않거나 얼굴을 찌푸린다면 이러한 행동은 통역을 하는 데 어려움이 생겼다는 의미다. 만약 통역자가 원래 정보의 양에 비해 많은 단어와 문장을 사용한다면, 통역자가 사용하는 용어들이 가족들이 사용하는 언어로 쉽게 번역되지 않음을 나타내는 것일 수 있다. 만약 가족 구성원이 하는 대답이 기대했던 답변과 많이 다르다면, 팀 구성원들은 오역이 발생했는지 여부를 확인해야 한다.

두 번째로, 팀 구성원들은 통역자가 통역을 할 때 몇몇 가족들은 그들의 은밀하고 개인적인 정보를 드러내는 것을 꺼려 할 수도 있다는 것을 알아야 한다(Hyun & Fowler, 1995; Park, Turnbull, & Park, 2001). 가족들이 통역자가 있는 모임에서 어느 정도까지 개인적인 정보를 밝힐 것인지는 부분적으로 통역자와 그 가족 간의 친밀함 그리고 통역자의 특성인 인종, 성, 사회적 지위, 나이와 관련이 있을 수 있다(Egli, 1987). 통역자를 선택할 때 팀 구성원들은 가족들이 선호하는 통역자의 특성을 고려해야 한다(Hyun & Fowler, 1995). 마지막으로, 팀 구성원들은 통역자와 가족들과 비밀 유지의 중요성에 대해서 토론해야 한다(Egli, 1987; Fradd, 1990; Langdon, 1994). 이것은 가족들이 제삼자를 통해서 개인적인 문제를 털어놓는 데서 오는 불안감을 덜어 줄 수 있다(통역자가 필요하지 않을 때의 토론에 대해서는 다음에 나오는 '자료'를 보라).

세 번째로, 통역자는 중립적이어야 한다. 통역자는 개인적인 관점에 상관없이 추가, 생략, 사견을 보태거나 또는 왜곡하지 말고 정보를 전달하여야 한다(Fradd, 1990; Langdon, 1994; Media, 1982). 중립성은 친분이 있는 사람이 통역자로 일할 경우 유지되기 어려울 수 있다(Langdon, 1994). 그러나 팀 구성원들은 자신의 행동, 태도 그리고 인식이 통역자의 중립성에 미치게 될 잠재적인 영향을 알아야만 한다. Blakely(1984)는 대부분의 가족 구성원들은 통역자가 가족 구성원과 교사 사이의 의사소통을 원활하게 하는 데 신경을 쓰기보다는 교사를 만족시키기를 원하는 것 같다고 보고하였다. 실제로, 어떤 가족 구성원들은 그들의 통역자가 통역을 할 때 가족 구성원들이 교사의 추천을 받아들이는 것을 거절하면, 협박하기까지 했다고 털어놓았다. 비록 Blakely(1984)가 통역자와 가족 구성원들에 대하여 교사의 행동과 태도 그리고 인식 등을 보고하지는 않았지만, 보고된 가족 구성원의 관점에 따르면 통역자들이 중립성을 지킬 것이라고 가정하지(assume) 말아야 함을 분명히 경고하고 있다.

만약 팀 구성원들이 통역자에게 그 가족 구성원의 반응에 대해 불평한다면, 그 통역자는 가족이 팀의 제안을 수용하도록 설득할지도 모른다.

반면에 만약 통역자와 가족이 같은 경험을 가지고 있다면(예: 둘

자 료 **통역자가 필요하지 않은 경우**

통역이 필요하지 않을 것으로 여겨지는 경우에 대해서는 한번 더 숙고해야 한다. 통역자를 고용하는 결정은 비용 효과 분석(cost-benefit analysis)을 필요로 하고, 그것은 전달되고 교환되는 정보의 유형에 따라 다르다. 몇몇 가족들은 영어로 사실적인 정보를 전달하는 것이 가능하다(예: 어머니가 자식에게 어떠한 간식을 먹이는가?). 그러나 바로 그 가족들이 장애와 중재에 대한 그들의 믿음과 생각 그리고 감정을 깊이 있게 영어로 표현하는 것은 어려울 수 있다(Egli, 1987). 이러한 상황에서 그들의 언어를 영어로 번역하거나 그 반대의 행위를 하는 데 그들의 모든 에너지를 사용할지도 모른다. 언어를 해독하고 표현해야 한다는 부담감은 가족으로 하여금 어떠한 감정적인 접근 없이(예: 단조로운 로봇과 같은 어조의 발화) 의사소통하게 할 수 있다. 그것은 지적인 무심함을 경험하는 것과 유사하다. 종종 가족들은 영어로 무엇인가를 말해야 한다는 압박감에 그들의 믿음, 가치, 감정과 생각을 반영하지 않는 간단한 표현을 선택할 수도 있다. 가족들로 하여금 그들 자신의 언어를 사용하게 했을 때(즉, 통역자를 사용하는 것), 감정과 지적인 면에서 격차가 줄어들 수 있다. 가족들로 하여금 그들의 생각을 그들 자신의 언어로 표현하도록 하는 것 또한 팀 구성원들에게 자연스러운 언어적 · 비언어적 행동을 관찰할 수 있는 기회를 제공한다. 그것은 팀 구성원들에게 다른 스타일에 대한 인식을 강화시켜 줄 수 있다(Egli, 1987; Media, 1982).

다 난민임), 통역자는 팀보다는 가족의 편에 서게 될지도 모른다(Lynch, 2004). 팀 구성원들은 중립의 중요성을 통역자와 토론해야 하고, 그들로 하여금 계속적으로 중립성에 대하여 고려하도록 격려해야 한다(예: 그들이 스스로에게 '내가 개인적인 감정을 전달하는가?' 또는 '어떻게 내가 감정적이거나 민감하거나 또는 내가 믿는 것에 반대되는 문제를 처리할 것인가?'라고 묻도록 한다)(Media, 1982, p. 7).

네 번째로, 통역자는 팀의 필수 구성원으로 간주되어야 한다. Plata(1993)는 몇몇 통역자들이 그들의 역할을, ① 하나의 언어만 사용하는 동료들의 부족함을 보완하기, ② 높은 수입을 얻는 서비스 제공자를 위해서 때때로 보수 없이 일하기, ③ 정기적인 직업과 별도로, 때로는 아무런 보상 없이 봉사 활동하기, ④ 충분하지 않은 지식을 가진 영역에서 일하기(p. 22) 등으로 인식한다고 말한다. 이러한 입장과 지식에 있어서의 불균형은 그것이 해결되지 않을 경우, 통역자에게 분개와 적개심을 불러일으킬 수도 있다.

팀 구성원들은 계속해서 통역자의 중요한 역할을 인식해야 하며, 그들의 의무에 대하여 토의할 필요가 있다. 파트너십을 유지하기 위해서, 팀의 모든 구성원들은 문화의 중개자로서 통역자의 기능을 인정하고 존경을 표해야 한다(Egli, 1987; Fradd, 1990; Langdon, 1994). 통역자는 팀의 다른 구성원들보다 언어적 · 문화적 면에서 유능할 수 있다(〈표 1〉에 통역자에게 필요한 최소한의 기술이 제시되어 있다).

또한 통역자는 다른 팀 구성원들에게 문화적인 면에서 수용되는 적절한 행동(예: 가족을 환영하는 방법, 가족에게 거리를 얼마나 가까이 두어도 되는지)을 알려 줘야 한다. 모든 구성원들은 예절과 몸짓 언어

〈표 1〉 성공적인 통역 과정에 필요한 최소한의 기술

- 통역자는 영어에 관한 지식과 다른 언어 또는 가족이 사용하는 언어에 관한 지식을 모두 가져야 한다.
- 통역자는 하나의 언어를 다른 언어로 번역하는 기술을 가져야 한다.
- 통역자는 두 집단 모두의 문화, 가치, 전통 등에 대한 지식을 가져야 한다.
- 통역자는 특수교육의 기본적인 용어와 개념에 관한 지식을 가져야 한다.
- 통역자는 특수교육 과정에서 개개인의 역할에 대한 지식을 가져야 한다. (예: IFSP 모임)
- 통역자는 효과적인 대인관계 기술을 가져야 한다.

(body language), 인사와 가족의 언어로 된 간단한 말 등을 통역자에게서 배우고자 노력해야 한다. 이러한 것은 가족들과 의사소통을 하는 데 있어서 중요하다. 그리고 모든 팀 구성원들은 배운 것을 다음 모임에서 실제로 연습해 보도록 해야 한다.

그러나 공통으로 사용하는 언어와 빈번한 의사소통으로 인해서 서비스 제공자들은 의도하지 않게 가족들보다 통역자와 더욱 강력한 유대를 형성할 수 있다는 점을 유의해야 한다. 때때로 팀 구성원들은 가족 구성원에게 직접적인 질문을 할 때 눈조차 맞추지 않는 경우도 있다. 비록 두 언어 또는 다중 언어를 사용하는 가족 구성원들이 팀 구성원이 말하는 것을 알아듣지 못할 수도 있지만, 말의 어조와 눈 맞춤과 같은 표현 등은 가족과 팀 구성원 사이의 감정적인 유대 관계를 형성하는 데 기여할 수는 있다.

결 론

통역은 매우 복잡하고 부담되는 일이다. 그럼에도 불구하고 대개 통역자의 역할과 필요로 하는 정보 등은 소홀하게 다루어진다. 훈련받지 못한 통역자는 하나의 언어만 사용하는 스태프에 의해 선발되며 낮은 지위가 주어진다. 이러한 맥락에서 통역자들은 오역하기 쉽고, 중립적인 역할을 유지하지 못하고, 팀 구성원들과의 파트너십을 발전시키지 못할 수도 있다. 이러한 요인들은 서비스 제공자와 가족들 사이의 성공적인 의사소통을 위협할 수도 있다. 게다가 사회적 지위와 지역 자원 같은 요인들이 가족과 통역자의 관계에 영향을 미칠 수 있다. 다음의 〈표 2〉에서 팀 회의 이전과 이후, 팀 미팅 중에 통역자를 고용함에 있어 성공적으로 수행할 수 있는 추천 실제를 목록화하였다. 이러한 추천 실제는 Lynch(2004)의 제안과 중복되고, 가족 중심적이고 문화적으로 반응적인 접근법에 우선순위를 두는 IFSP와 IEP 회의에서 DEC의 추천 실제와도 중복된다. 예를 들어, 가족 중심적인 접근에서는 전문용어의 사용을 자제하고, 체계화된 도식자를 제공하고, 분명하게 말하며, 존경심을 표하는 것 등을 필요로 한다. 그러나 서비스 제공자와 가족, 통역자 사이에 존재하는 심리사회적 측면이 통역 과정에서 추가적으로 고려되어야 한다. 마지막으로, 통역자를 고용하는 것이 영구적인 해결책으로 여겨져서는 안 된다. 이 접근은 일시적인 것이다(Plata, 1993). 그리고 가능할 때마다 두 개 이상의 언어와 문화를 넘나드는 사람들을 훈련시키고 고용하는 길을 열어 두어야 한다.

〈표 2〉 회의에서 통역자와 함께 일하는 서비스 제공자를 위한 추천 실제

상 황	추천 실제
회의 전	• 가족들이 활용할 수 있는 통역자 목록 만들기 • 가족들로 하여금 편안함을 느끼는 통역자를 선택하도록 격려하기 • 통역자와 다른 팀 구성원들이 함께 중립성의 중요성에 대해 토론하기 • 통역자와 팀 구성원들이 자기반성적 태도를 갖도록 격려하기 • 통역자에게 체계화된 선행 조직자(advanced organizer)로서 작성된 문서를 제공하기 • 통역자에게 특수교육에서 사용되는 용어사전 제공하기 • 특수교육 수업을 이수하는 통역자의 노력을 격려하기 • 통역자와 다른 팀 구성원들의 중요한 역할과 의무에 대해 의논하기
회의 중	• 편안한 분위기 만들기 • 전문적인 용어의 사용을 피하기 • 시각적인 도움과 구체적인 예시를 사용하기 • 통역하기 어려운 관용구나 속어, 비유 등을 피하기 • 외래어(예: 'cool'과 같은 속어) 알기 • 간단한 문장을 사용하기 • 천천히 말하기 • 동시통역이 아닌 순차통역하기 • 통역자로 하여금 필기하거나 질문하는 것을 격려하기 • 해석에서 일어날 수 있는 문제를 식별하기 위해 통역자가 보여 주는 반응을 살피기 • 가족들과 눈 맞춤 유지하기

회의 후	• '회의 전'과 '회의 중'에 설명된 지침을 사용해서 통역자와 함께 회의 평가하기 • 회의에서 거론된 내용을 명확하게 하기 위하여 통역자에게 질문할 것을 권장하기 • 회의 중에 통역자가 부딪힐 수 있는 문제를 확인하기 • 당신과 다른 팀 구성원들이 가족들과 문화적으로 부적절한 방법으로 의사소통할 경우 통역자가 당신에게 조언할 수 있도록 권유하기 • 다음 회의를 위하여 문제를 다룰 수 있는 방안에 대하여 브레인스토밍하기

주

이 논문은 University of Illinois, Urbana-Champaign에서 문화적으로 그리고 언어적으로 적절한 서비스를 위하여 유아연구소의 보조금에 의해 지원되었다(US Department of Education, Office of Special Education Programs Grant No. H024560006). Rosa Santos: rsantos@uiuc.edu

참고문헌

Blakely, M. (1984). *American talking...... Listen how some Hmong, Khmer, Lao, and Vietnamese view American schools.* (ERIC Document Reproduction Service No. ED241652)

Egli, E. (1987). *The role of bilingual workers without professional mental health training in mental health services for refugees.* (ERIC Document Reproduction Service No. ED308436)

Fradd, S. H. (1990). *Transdisciplinary teaming. Module 5. Bilingual/ESOL special education collaboration and reform project.* (ERIC

Document Reproduction Service No. ED328094)

Harrison, B. Y., Bhatt, A., Carey, J., & Ebden, P. (1988). *The language of the bilingual medical consultation.* (ERIC Document Reproduction Service No. ED350827)

Hyun, J., & Fowler, S. A. (1995). Multicultural considerations in promoting parent participation in developing the IFSP. *Teaching Exceptional Children, 28,* 25-28.

Johnson, D., & Sussman, L. (1992). *Conceptual and methodological issues in the development of an instrument to assess the impact of culture on interpreter behavior.* (ERIC Document Reproduction Service No. ED347839)

Langdon, H. W. (1994). *The interpreter translator process in the educational setting: A resource manual* (Rev. ed.). (ERIC Document Reproduction Service No. ED383155)

Leung, B. P. (1996). Quality assessment practices in a diverse society. *Teaching Exceptional Children, 28,* 42-45. (ERIC Journal Accession No. EJ518006)

Lynch, E. W. (2004). Developing cross-cultural competence. In E. W. Lynch & M. J. Hanson (Eds.), *Developing cross-cultural competence: A guide for working with children and their families* (3rd ed.) (pp. 41-77). Baltimore: Paul H. Brookes.

Lynch, E. W., & Stein, R. C. (1987). Parent participation by ethnicity: A comparison of Hispanic, black, and Anglo families. *Exceptional Children, 54,* 105-111. (ERIC Journal Accession No. EJ360904)

Media, V. (1982). *Issues regarding the use of interpreters and translators in a school setting.* (ERIC Document Reproduction Service No. ED239454)

Park, J., Turnbull, A. P., & Park, H. S. (2001). Quality of partnerships in service provision for Korean American parents of children with disabilities. A qualitative inquiry. *Journal of the Association for Persons with Severe Handicaps, 26*, 158-170.

Plata, M. (1993). Using Spanish-speaking interpreters in special education. *Remedial and Special Education, 14,* 19-24. (ERIC Journal Accession No. EJ470694)

Sosa, A. S. (1996). *Involving Hispanic parents in improving educational opportunities for their children.* (ERIC Document Reproduction Service No. ED393649)

Turbivile, V. P., Turnbull, A. P., Garland, C. W., & Lee, I. M. (1996). Development and implementation of IFSPs and IEPs: Opportunities for empowerment. In S. L. Odom & M. E. McLean (Eds.), *Early intervention/early childhood special education: Recommended practices* (pp. 77-100). Austin, TX: Pro-Ed.

우리가 함께할 수 있는……

유아 프로그램의 교실 융합에 대한 개척자의 제안

Sharon E. Rosenkoetter, Ph.D., Oregon State University

"우리는 함께 이러한 것을 할 수 있다……." 그라시는 첫해에 자신에게 이 말을 수없이 했던 것을 기억한다. "우리는 함께 아동을 위한 훌륭한 학습 경험을 만들 수 있다."

그라시는 헤드 스타트 교사다. 그녀의 동료 교사로는 유아 특수교사인 미미, 보조교사인 폴라, Title I 교사인 산드라, 주정부의 유치원 프로그램에서 급여를 받는 케리 그리고 보육교사인 조안과 데이비드 등이 있다. 또한 몇몇 치료사들이 현재 시간제로 근무하고 있다. 이 팀은 함께 하루에 두 개의 수업에 각각 참여하는 35명의 아이들이 있는 두 개의 큰 교실을 운영한다. 그 공간은 대개 교사와 아동들을 위하여 더 작은 공간으로 나눠질 수 있다. 아침반에 있는 8명의 아동과 오후반에 있는 7명의 아동이 특수아동인데, 이들 중 몇몇은 장애 정도가 심하다. 몇몇 아동들은 오전 6시 45분에 보육시설에

도착한다. 그리고 오후 5시 15분까지 머무르는 아동이 있는가 하면, 3시간 또는 4시간 정도 머무르는 아동도 있다. 또 다른 아동들은 방과 후 교육을 받기도 한다. 주정부의 유치원 프로그램의 지원을 받는 아동들은 교대적인 스케줄(alternating schedule)에 따라 일주일에 이틀을 참석한다. 이 팀은 모두 함께 융합 유치원 프로그램(blended preschool program)을 만들어 낸다.

융합의 형태는 대개 독립적으로 운영되는 보육과 교육 프로그램이 하나의 교실에서 운영된다. 즉, 그것은 단독 팀의 감독하에 하나의 방 안에 아동들을 함께 두는 것이다. 팀의 구성원들은 서로 다른 프로그램으로부터 급여를 지원받는다. 이러한 프로그램은 서로 다른 지역에서 운영되며, 다양한 기금 기관과 재정 운영 관계처로부터 지도를 받는다. 함께 일하는 융합된 형태의 스태프들은 지도력에 대한 책임을 함께 나눈다.

북미 전역의 공동체에서 유아교육 계획자들은 영유아와 그들의 가족을 위하여 서비스를 융합하기 위하여 노력하고 있다. 이러한 것은 다양한 프로그램을 지지하는 각종 규정과 자금의 흐름을 인정하는 가운데 이루어지고 있다. 헤드 스타트(Head Start), 유아 특수교육(Early Childhood Special

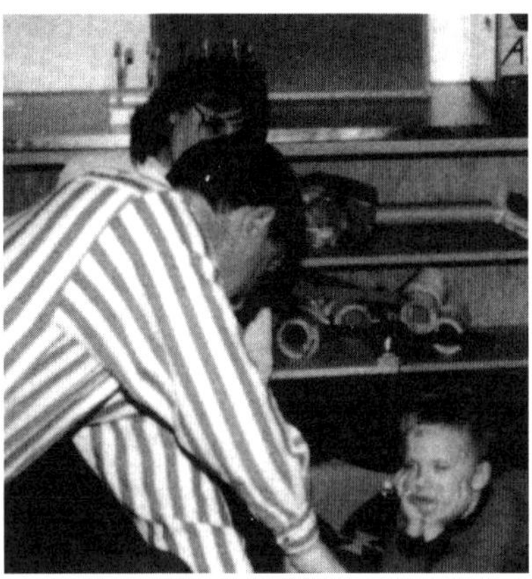

Education), 아동 보육 서비스, 주정부나 지역이 기금을 조성해 주는 유치원, 미국 연방정부 보조금(Title I) 프로그램, 가족 교육 지원 프로그램(Even Start), 이민자 가족을 위한 프로그램, 대학교 실험학교, 건강 증진 프로그램(Healthy Start Plus) 그리고 부모 지원의 조기 교육 같은 것은 지역사회/공동체(communities)가 최연소 시민 모두를 위한 최고의 서비스를 제공하는 노력의 일환으로서 가능한 몇몇의 파트너들이다(Odom, Horn, Marquart, Hanson, Wolfberg, Beckman, Lieber, Schwartz, Janko, Sandall, & Li, 1999).

매우 다양한 준비 과정, 철학적 접근, 급여 수준 그리고 전문적인 발달 기회 등을 가진 인적자원에 의해서 제공되는 프로그램을 융합한다는 것은(단지 함께한다는 의미가 아니라) 어려운 일일 수 있다. 그러나 다양한 유아 프로그램들은 유사한 교육과정과 발달적 요구를 가진 아동과 그들의 가족에게 서비스를 제공할 것이다. 그리고 그 가족은 아동의 미래에 대해 공통적인 꿈을 가지고 있을 수 있으며, 현재 겪고 있는 어려움에 있어서도 유사한 점을 지닐 수 있다.

수많은 책과 논문들이(예: Odom et al., 1999) 협력의 행정적인 측면에 대해서 탐구하고 있다. 반면에 이 글은 아동과 스태프, 교육과정의 융합이 발생하는 교실에 초점을 맞출 것이다. 융합 과정을 겪고 있는 7개의 공동체로부터 관찰 내용이 제공될 것이다. 그것은 2년 6개월에서 31년간 다양한 기간에 걸쳐 융합 서비스를 실제로 적용한 프로그램에 참여한 스태프들과 부모들의 의견도 요약하고 있다. 이러한 7개의 공동체의 선구자들은 융합 프로그램을 만드는 데 도움을 주는 행동과 융합 프로그램으로부터 누적된 장점과 단점을 제시한다. 이 선구자들이 이야기하는 내용은, 질적 연구 방법을 사용하여 수집하고 분석하였으며, 이러한 의견은 조기 양육과 교육을 향상시키고자 노력하는 다른 공동체의 서비스 제공자들과 부모들에게도 도움이 될 것이다.

커뮤니티

이 프로젝트는 미국의 4개의 다른 지역에 있는 7개의 커뮤니티를 연구하였다(〈표 1〉 참조). 프로그램은 지역 헤드 스타트 기술보조센터나 주정부의 유아교육 부문에 의해서 추천되었다. 연구에 포함되는 모든 프로그램은 최소한 헤드 스타트, 유아 특수교육 및 다른 하나의 프로그램을 융합한 것이다.

지역 행정가들은 연구 목적에 관하여 연락을 받았고, 질문 목록을 제공받았다. 7개의 커뮤니티 각각으로부터 다섯 가지 형태의 자료가 모아졌다.

- 행정가들은 프로그램 안내 팸플릿, 임무 보고서, 교육과정 안내서, 부모 지침서 그리고 교실 절차에 관한 가정과 기관 간의 의사소통을 포함하는 프로그램 자료를 제공하였다.
- 한 시간에서 한 시간 반 정도 이어진 기관 장과의 인터뷰는 각 기관에서 실행되었고, 공통적인 프로토콜(protocol)에 기초하여 이루어졌다.
- 이 미팅 이후 교실에 있는 스태프들을 대상으로 한두 시간가량의 포커스 그룹(focus group) 인터뷰가 계속되었다.

〈표 1〉 선구자 프로그램

프로그램 지역	구성 요소	융합 기간	공립학교의 헤드 스타트의 유무
소도시/대서양 연안 중부	• 헤드 스타트 • ECSE • Title 1 • 아동 보육 • 주립 유치원 • Part C / 조기중재	4년	없음
교외/태평양 연안 북서부	• 헤드 스타트 • ECSE • 사립 유치원	31년 (간헐적)	없음
소도시/중서부	• 헤드 스타트 • ECSE • 건강 증진 프로그램 • 10대를 위한 교육 • 부모	2년	있음
작은 마을/중서부	• 헤드 스타트 • ECSE • 스태프에 의한 아동 보육	2.5년	있음
작은 마을/시골/서부	• 아동 보육 • ECSE • Part C / 조기중재 • 헤드 스타트 • 부모 훈련 • 유치원 강화	8년	있음
도시/대평원	• ECSE • 대학 실험 유치원 • 헤드 스타트	3년	없음
소도시/대평원	• 헤드 스타트 • ECSE • 아동 보육	3년	없음

• 또 다른 포커스 그룹 인터뷰는 유아의 부모를 대상으로 실시되었고, 그 유아들은 현재 또는 이전에 융합된 프로그램에 등록한 유아로서 일반 유아와 특수아동이었다.

• 연구자들은 교실에서 반나절 동안 아동들을 관찰했고, 민족지(ethnographic field notes) 형태의 기록을 모았다. 경우에 따라 커뮤니티에 관련된 여러 사람들(예: 지역 유아교육협의회, 학교 교장)과의 대화가 추천되었고, 이들과의 인터뷰가 진행되었다. 모든 대화는 이후의 전사와 기본적인 질적 연구의 절차 사용 분석을 위하여 녹음되었다(Patton, 1990). 코멘트는 저자와 보조 연구원들이 분석하기 위하여 그룹화하였다.

왜 융합 프로그램인가

7개의 초기 프로그램의 교사, 치료사, 부모 그리고 행정가들은 교실 수준에서 유아 서비스를 통합해야 하는 주요 원인을 세 가지로 규명하였다.

• 가족의 수입, 아동의 장애, 가족 특성에 관한 공식적인 정의에 구애받지 말고, 아동과 가족, 그 자체를 보아야 한다

서비스를 융합하는 것은 유아 또는 가족에 대한 낙인(labeling)에서 발생하는 오명을 없애는 데 도움이 된다. 그것은 또한 발달적으로 어린 아동들을 위해 더 좋은 기능을 하는 모델, 즉 '모델 유아(model children)' 를 제시하여 가족들 간의 경쟁을 불러일으키지 않는다. 융

합하는 것은 범주화하는 것을 최소화하면서 유아 프로그램이 커뮤니티 속에서 다양한 가족의 필요를 충족하도록 한다. 예를 들어, 유아교육, 보육, 부모교육, 강화 활동(enrichment activities), 건강 관리 및 치아 점검, 건강 서비스와 사회 서비스 의뢰 등은 모든 참가자들에게 가능하며, 이러한 것은 센터의 원장이나 경리만이 서비스를 위한 자금의 출처를 알고 있다.

• 이용 가능한 자원을 현명하게 사용한다

7개의 커뮤니티 중 몇몇은 융합하는 방법에 따라 비용을 보다 절감할 수 있다는 것을 알게 되었다. 이에 관해 모르는 커뮤니티도 있었다. 그럼에도 불구하고, 모든 커뮤니티들은 그들이 형식적이거나 비형식적인 협의와 조정을 통해 건강 서비스와 사회 서비스를 더 많은 유아와 가족에게 제공할 수 있었다고 보고하였다. 융합된 프로그램에서는 다양한 경험과 전문적 지식을 가진 스태프들이 유아와 가족들에게 서비스를 제공하는 동안 서로를 지원할 수 있다.

• 지역공동체의 관심을 유아기의 예방에 집중한다

유아와 가족의 잠재성은 융합된 프로그램에서 강조된다. 약점이나 소수민의 지위에 초점을 맞추기보다 영유아가 학습하는 것에 의미를 두는 것이 특징이다.

융합으로 인한 혜택

가족, 행정가, 교사, 치료사들은 융합의 형태가 장점이 많다는 것을 규명하였다. 프로그램의 참여자들 없이 이야기하는 상황에서, 부모들은 융합된 서비스에 있어서 자신들과 그들 자녀의 경험에 대해 찬사를 보냈다. 융합 초기에 몇몇 사람들은 융합의 형태가 자신들의 자녀의 특별한 요구에 맞추지 못할 것을 우려하였지만, 일단 융합되고 나자 그 우려는 사라졌다. 부모들은 융합으로 인한 혜택이 매우 분명한데, 왜 다른 지역에서는 유아 프로그램을 분리하여 진행하는지 이해되지 않는다고 반복해서 이야기하였다. 장애가 없는 유아들의 부모들은 특수아동과 우정을 쌓을 수 있었던 데 대하여 감사를 표하였다. 이것은 장애가 두드러지게 나타나는 경우에 있어서도 마찬가지였다.

행정가들 역시 융합의 형태를 선호하였다. 그들은 다른 배경과 다른 형태의 능력과 장애를 가진 유아들 사이의 우정에 관한 일화를 제공했다. 뿐만 아니라 영유아들이 더 좋은 기능을 보이는 친구들과 그들의 욕구를 나누려고 하는 것으로 의사소통의 이정표를 제시하였고, 유아가 친구와의 상호작용이 발생하는 곳으로 걸어가려고 하는 것으로, '운동 이정표(motor milestones)'를 설명하였다.

교사들은 유아들이 그들의 IEP 목표를 성취하는 것을 보고 만족하였다고 보고하였다. 그들은 새로운 체계에서 일대일 치료가 눈에

띄게 감소하고 있더라도 이전의 분리된 교실에서보다는 융합된 교실에서 사회적 구성 요소 차원에서(예: 의사소통, 친구를 향해 걷기) 목표가 더 신속히 달성되었다고 보고하였다.

인터뷰에 참여한 대부분의 전문가들은 융합된 프로그램에서 서로 다른 영역에 대해 손쉽게 배울 수 있는 기회가 있었음을 감사해했다. 한 특수교사는 "여기서는 모든 것이 보다 빨리 움직입니다."라고 말했다. 헤드 스타트 교사는 "개별 아동을 위하여 활동을 어떻게 수정해야 할지에 관한 아주 많은 아이디어를 얻었습니다."라고 말했다. "우리는 항상 아이디어를 공유합니다."라고 보육 담당 서비스 제공자는 말했다. 언어치료사는 "교사들로부터 어떻게 하면 언어치료 활동이 그룹과 좀 더 연관성 있도록 할 것인지를 배우고 있습니다."라고 말했다. 한 팀은 특히 행동 통제에 어려움을 보이는 한 아동에 대하여 설명하였다. 스태프가 일 년간 15분마다 돌아가며 감독한 끝에 아동에 대한 스태프들의 긍정적인 태도와 아동의 상호작용 능력이 현저하게 향상되었다.

아동에 대한 성과 자료는 대부분의 융합 프로그램을 이수한 아동들이 통합 유치원으로 간다는 것을 보여 준다. 이러한 것이 작용하지 않는 커뮤니티에서 교사들은 유치원 기간 동안 또래의 유아들이 분리되는 것은 유아들이 가진 특성 때문이 아니라, 학교 지구 정책 때문이라고 하였다. 그러한 커뮤니티에서는 부모들이 이따금씩 우려를 나타내었다. 한 아버지는 "통합은 유아원에서는 잘되지만, 왜 유치원에서는 그렇지 않은가요?"라고 질문하였다. 그러고 나서, "하지만 (유치원에서도 통합은) 물론 가능하지요."라고 혼잣말을 하였다.

융합에 있어서 어려운 점

앞서 언급된 지속적인 어려움 가운데 하나는 관련 서비스의 제공이었다. 다시 말하면, 얼마간 융합 분야에서 일을 한 관련 서비스 제공자들은 그들의 예비교사 훈련에서 제시되었던 접근법에서 급속도로 멀어지는 만큼 자신들이 계속해서 발전하는 것을 '교실 내 치료사'로 묘사하였다. 그들은 이러한 변화를 지지하는 한편, 그것은 또한 '수년에 걸친 팀 학습 과정'이었다고 어느 서비스 제공자는 이야기했다.

자주 언급되는 또 다른 문제는 아동과 가족의 요구에 관하여 계획하고 토론하는 데 필요한 시간을 찾는 것이다. 스태프들은 이전의 프로그램보다 융합 프로그램에서 더 열심히 일했으며, 융합 프로그램에서 일했을 때 더 만족하였고, 동료들로부터 많이 배울 수 있었다고 보고하였다.

통합에 대한 어려움은 실행상의 문제이자 대인관계와 관련된 것일 수 있으며, 이러한 것은 특히 Lieber와 그의 동료들(2000)에 의해서 체계적으로 문서화되었다. 이 연구의 인터뷰에서, 교사들은 행정가나 부모들보다 어려움에 관해 더 많은 이야기를 하였다. 프로그램이 존재하기 이전에 고용된 교사들은 융합된 프로그램의 초기에 고용된 사람들보다 어려움을 더 많이 토로하였다. 대부분의 난관이 극복된 것으로 보이며, 오랜 역사를 지닌 융합 프로그램의 스태프들은 성공적인 융합에서의 난관을 묻는 질문에 답변을 잘 찾지 못하였다. 게다가 전체적으로 참가자들의 모든 그룹은 융합의 개념에 대해 '아동들에게 좋은 일이기 때문'이라고 하면서 상당히 긍정적이었고, 그들은 이러한 접근을 다른 커뮤니티에도 추천했다.

융합을 위한 전략

잠재적인 어려움을 피해 가는 전략이 7개 커뮤니티의 가족과 유아교육 스태프에 의해 개발되어 왔다(〈표 2〉 참조). 그들이 제안하는 전략은 〈표 2〉와 같다.

〈표 2〉 융합을 위한 전략

- 언어가 중요하다.
- 시설이 중요하다.
- 리더십은 필수적이다.
- 선택이 주인의식을 만든다.
- 인성이 중요하다.
- 공동 연수가 융합에 도움이 된다.
- 스태프들은 협의할 시간이 필요하다.
- 가족이 융합의 중심에 있다.
- 역할은 확실하게 규정되고, 존중되며, 공평해야 한다.
- 곤란한 문제는 해결한다.
- 스트레스를 관리한다.
- 교실 구성을 신중하게 고민한다.
- 인내! 인내! 인내!

언어가 중요하다

조기보육과 조기교육에 있어서 모든 사람들은 서로 다른 사람들이 사용하는 특수한 용어를 알아야 하고, '단어 놀이(alphabet soup)'에 있어서는 함께 웃어야 할 필요가 있다. 융합 프로그램에서 초기에 어려움을 불러일으킨 몇 가지 용어를 〈표 3〉에 정리하였다. 또한 기존 프로그램 중 어느 하나의 이름을 유지하기보다는 새로운 프로그램이 일반적인 이름(예: 아동센터)을 가지는 것이 융합에 도움이 된다. 참가하는 아동들은 반드시 '센터 아동'으로 표현되어야 한다. '보육시설 아동' '헤드 스타트 아동' '특수교육 아동'으로 표현되어서는 안 된다. 표현이 반드시 그러한 방식으로 이루어져야 한다면, 그것은 기밀 기록서나 보고서를 위해서다. 유사하게, 어떤 기관이 급여를 지불하든, 그들의 학위가 무엇이든, 또는 그들의 개인 교사 업무에 무엇이 포함되어 있든지 상관없이 교사는 단순히 '교사'로 알려져야 한다.

시설이 중요하다

만일 모든 참여 프로그램이 새로운 지역이나 건물로 옮겨서 새로운 정체성이 형성된다면, 그것은 한 프로그램이 다른 프로그램에 흡수될 때보다 평등할 것이다.

리더십은 필수적이다

관계된 프로그램의 행정가들은 반드시 훌륭한 리더십, 강한 인내

〈표 3〉 융합 교실에서 사용되는 용어의 정의

아동 보육
부모들이 일을 하거나 학교에 참석할 때 아동들을 위한 안전한 환경과 영양 관리, 적절한 발달 경험을 제공하고, 지역적으로 혹은 개인적으로 무상 또는 유상으로 운영한다. 특히 저소득 가정을 위해 미국 건강복지부와 주 보육기관이 점점 많은 지원을 하고, 다양하게 자금을 모으고, 대개 부모들이 내는 비용에 의해서 운영된다.

DSQI 또는 QICDS(장애 서비스 질적 향상 센터)
12개의 지역 사무소로서 지역 헤드 스타트와 조기 헤드 스타트를 받는 사람들을 지원하기 위해서, 장애를 가진 영유아와 그들의 가족을 도울 수 있는 훈련 보조와 기술 보조를 고용한다. 공식적으로 'RAPs(Resource Access Projects)'라고 불린다.

조기 헤드 스타트
헤드 스타트를 참고한다.

조기중재
넓은 의미에서 일반적으로 태아 때부터 5세까지의 영유아 또는 부모를 위하여 발달상의 성과를 최대화하기 위한 서비스로, 많은 주와 연방 프로그램이 조기중재를 다양한 접근법을 사용하여 제공한다. 특히나 조기중재는 주에 의해서 다양한 방법으로 운영되는 미국 교육부 프로그램으로, 장애를 가졌거나 장애 위험 상황에 있는 영아(출생부터 2세까지)와 그들의 가족에게 제공된다. 이는 「장애인교육법(IDEA)」의 Part C에서 인가하였으며 다학문적이고, 목표는 서비스를 포괄적으로 실행하는 것이며, 서비스 적격성 판정을 받은 모든 아동에게 제공되어야 한다.

ECE
유아교육 또는 조기보육 및 교육

ECSE
3~5세의 장애를 가진 유아 특수교육으로, 「장애인교육법(IDEA)」의 Part B, 619섹션에서 인가되었으며, 미국 교육부와 주 교육부에서 관리

되며, 교육과 교육 관련 서비스에 중점을 둔다. 서비스 적격성 판정을 받은 모든 아동들은 서비스를 제공받아야 한다.

가족 교육 지원 프로그램(Even Start)
저소득층의 젊은 어머니들을 위한 문해(literacy) 및 직업 훈련 프로그램으로, 그들의 아동이 8세가 될 때까지 발달 관련 서비스와 그 외에 다른 서비스를 제공한다.

가족 서비스 조정
가족들이 그들의 서비스를 지정하고 구성할 때 도움을 준다. 이 서비스는 장애가 있는 영아를 위한 조기중재가 필요할 때 요구되며, 역시 헤드스타트에 의해서 제공된다.

헤드 스타트
미국 건강복지부의 프로그램으로, 아동, 청년, 가족을 위한 행정이며, 저소득층 가정에 아동의 발달을 고무하는 포괄적인 서비스를 제공하기 위하여 지역 기관에 자금을 제공한다. 임신 중인 부모부터 3세 유아를 위한 서비스를 '조기 헤드 스타트(Early Head Start)'라 한다. 헤드 스타트는 3~5세의 유아와 가족을 위한 서비스를 일컫는다.

헤드 스타트 협력 기금
정부에서 결정하여 각 주의 각 기관 사람들에게 조기 유아 서비스와 헤드 스타트 파트너십을 지원하기 위해 제공한다.

건강 증진 프로그램(Healthy Start Plus)
건강부 직원이 예비 부모에게 정보를 안내하거나 어려움에 처한 부모들에게 광범위한 지원을 제공한다.

IEP
개별화 교육 프로그램으로, 법적으로 서비스를 받기에 적절한 3~21세의 학생들이 특수교육과 관련된 서비스를 제공받도록 계획된 문서를 말한다.

IFSP
개별화 가족 서비스 계획으로, 조기중재에 있는 영유아와 가족을 위해 계획된 문서를 일컫는다. 몇몇의 조기 헤드 스타트와 헤드 스타트 역시 IFSP를 작성한다.

이주자 프로그램

21세까지의 이주 노동자의 아동과 부모를 위한 다양한 서비스를 제공한다.

자원 및 위탁 기관

지역 또는 주립 기관으로서 아동의 보육을 맡긴 가족들을 돕고, 그들의 서비스를 질적으로 향상시키는 기술적 조력과 훈련을 함에 있어서 보육 제공자를 돕기 위하여 계획된 지역 또는 주립 기관을 일컫는다.

주립 유아 프로그램

지역과 주에 재정 기반을 둔 아동발달 서비스로, 관심 있어 하는 가족을 위한 프로그램(예: 미주리의 교사로서의 부모 또는 미네소타의 유아 가족 교육 프로그램) 또는 저소득층 가정에 중점을 둔 프로그램(예: 플로리다의 유치부 조기중재 프로그램 또는 북캐롤라이나의 Smart Start)이다.

TA

기술적 지원, 주 또는 연방 프로그램에서 지원된 지역 서비스의 질을 향상시키기 위해 숙련된 전문가에게서 받는 도움을 말한다.

력, 우수한 문제 해결 능력, 유머 감각, 탁월한 결정력을 보여 주어야 한다. 이러한 가치들은 어려운 시기에 그 과정을 시작하는 것과 협력 정신의 고양에 필수적이다. 모든 프로그램 행정가들은 또한 융합이 어떻게 개별적인 프로그램의 목표에 맞는지 보여 주어야 한다. 그들은 또한 반드시 경제적인 문제를 명확하게 하기 위해서 기관의 감독을 받으며 일해야 한다.

선택이 주인의식을 만든다

준전문직 사람을 포함하여 모든 스태프들은 자신들에게 영향을 미치는 융합의 어떤 부분에 관해서 선택권을 가지는 것이 중요하다.

인성이 중요하다

이 연구에서 행정가들은 융합적인 방법의 성공에 있어서 특정 스태프들의 열정과 융통성이 크게 기여했다고 말했다. 반면 어떤 이들은 전문적 정체성과 역할에 있어서 변화에 대처하는 데 상당한 어려움을 겪었고, 그들이 가정(assumption)하는 것이 도전받는 데 대하여 어려움을 느낀다고 하였다. 그들이 새로운 계획을 받아들이지 않을 때 융합에 있어서 심각한 장애물이 될 수 있다. 융합과 관련한 아동의 진보는 융합에 소극적인 교사나 치료사를 '설득'하는 열쇠가 되는 것으로 나타났다.

공동 연수가 융합에 도움이 된다

스태프 개발을 위하여 충분한 자금과 시간이 확보되어야 한다. 헤드 스타트 이외의 프로그램에 속한 스태프들이 헤드 스타트의 철학과 실제를 배울 필요가 있다. 모든 스태프는 전반적인 특수교육의 절차를 학습할 필요가 있고, 특히 개별적 요구를 충족시키는 방법을 학습해야 한다. 예를 들어, 아동과 스태프들 모두에게 있어서 하루에 10시간 동안 아동을 보육하는 방법과 유치원에서 3시간 동안 교육하는 방법이 다르다는 것이 반복적으로 논의될 필요가 있다. 발달상 적합한 실제를 위한 방법과 모두 함께 실행할 수 있는 가족 지원은 융합 서비스에서 기초적인 부분이다.

후속하여 뒤따르는 활동 및 지도와 어우러지는 의사소통 전략과 팀 구성에 대한 연수는 특히 중요하다. 학회에 참석하기 위해서 함께 여행을 하는 것은 전문적인 협력을 더욱 공고히 할 수 있는 개인적인 연대감을 형성한다.

스태프들은 협의할 시간이 필요하다

매일 그리고 매주 반성과 평가를 할 수 있는 시간을 마련하여 스태프들이 서로를 훈련하고, 결정하고, 문제를 해결하며, 다음 단계의 일을 계획하도록 한다. 이러한 것은 지금까지 분리되었던 프로그램에 속했던 스태프들 사이에 신뢰, 정보 공유 그리고 역할을 초월하는 환경을 조성하는 비형식적 상호작용을 위한 시간뿐만 아니라, 융합을 수립하고 유지하기 위한 회의 시간도 포함한다.

가족이 융합의 중심에 있다

가족들은 융합 교실이나 프로그램의 계획과 실행에 있어서 기여할 수 있는 훌륭한 통찰력을 가지고 있다. 그들은 전형적으로 모든 영유아의 학습과 행복을 책임지고 있으며, 명백한 목적이 없는 제한이나 금지에 대해서 참지 않아도 된다. 가족 구성원들은 자녀를 아끼고 그들의 발달적 성취를 기뻐한다. 가족들은 계획된 변화에 대한 정보를 제공받아야 하며, 특히 그러한 변화가 아동들에게 어떠한 영향을 미칠지 알아야 한다.

역할은 확실하게 규정되고, 존중되며, 공평해야 한다

모든 스태프들이 스트레스를 줄일 수 있도록 역할을 정확하게 규정하는 것은 필수적이다. 그러나 새로운 융합에서 생겨난 예측하지 못한 책임감에 부딪혀서도 유연성을 유지하는 것이 중요하다. 임금과 수당, 책임은 서로 다를 수 있지만, 스태프들은 각기 다른 전문성을 지닌 동등한 입장을 가진 개별 팀으로서 서로를 대해야 한다. 이때 서류 작업은 반드시 공유되어야 한다. 교사들은 교실의 모든 아동들을 지원하며, 자신의 담당 아동에게만 집중해서는 안 된다. 유사하게, 보조교사들은 반드시 모든 아동을 도와야 하며, 개별화 교육 프로그램을 받는 아동만을 쫓아다녀서는 안 된다.

곤란한 문제는 해결한다

식대를 지불하고, 교통수단의 노선을 계획하고, 융합 센터의 예산을 세우는 것은 어려울 수 있기 때문에, 프로그램의 행정가들은 지원금을 받을 수 있는 곳과 프로그램의 규정을 잘 알고 있어야 한다.

그래서 가능한 해결책을 함께 계획해야 한다. 종종 현물 서비스(in-kind services)(예: 심리검사를 위한 준비 시간, 사회복지 상담을 위한 건강 검사)는 현금으로 교환할 수 있다. 다양한 프로그램들의 기술적 지원자들은 지역공동체가 곤란한 문제를 해결하는 데 있어 선택 사항을 검토하도록 도와줄 수 있다.

스트레스를 관리한다

융합 프로그램을 받는 아동과 가족들 중 많은 이들이 위기 상황에 처해 있으며, 이로 인해 스태프들에게 지속적인 스트레스를 불러일으킬 수 있다. 조기보육과 교육에 새로운 접근을 시도하고, 새로운 스태프의 구성 및 새로운 교수법과 접근법을 시도하는 것은 창의적이지만, 쇠약하게도 할 수 있는 긴장감을 조성한다. 그룹의 정신건강 훈련에 수반하는 즐거움은 어떤 형태의 융합된 교실에서든 성공을 지속하는 데 중요하다.

교실 구성을 신중하게 고민한다

어떤 아동들의 조합은 매우 폭발적이거나 관련자들을 육체적으로 힘들게 한다. 이 연구에 참여한 교사들은 행정가들에게 조언하기를, 새로운 융합 프로그램을 실행하기 위해 스태프들과 서비스 제공 영역을 결정하는 데 있어서 단지 성인과 아동의 비율이 아닌 교실의 구성과 필요에 관한 전반적인 조합을 살펴보라고 하였다.

인내! 인내! 인내!

자신과 타인에 대한 인내는 필수적이다. 융합을 위해서는 시간과 인내가 필요하다. "잘 융합된 프로그램은 일 년 내에 완성되지 않습니다."

당신의 커뮤니티에서 융합이 적절한가

헤드 스타트, 특수교육 그리고 다른 많은 유아 프로그램에 대한 안내서는 자연스러운 환경에서 장애를 가진 영유아를 위한 통합을 지원한다. 많은 주요 운동은 통합을 위하여 지역 차원에서 노력하도록 동기를 부여한다. 혼합은 통합의 한 형태다.

- 다양한 출처로부터의 연구는 장애 유무에 관계없이 영유아를 위한 통합적이고, 커뮤니티에 기초한 교육으로 인한 혜택이 바람직함을 나타낸다(Guralnick, 2001; Odom, Vitztum, Wolery, Lieber, Sandall, Hanson, Beckman, Schwartz, & Horn, 2004).
- 규정과 법률(예: 헤드 스타트 수행 기준과 IDEA, 1997)은 장애의 유무에 관계없이 영유아를 위한 통합적인 서비스의 발전을 위한 중요한 추진력을 제공해 오고 있다.
- 통합을 위하여 부모 그룹과 전문 기관 등이 효과적으로 옹호하는 것은 전통적인 서비스 전달에 있어서 변화를 꾀하고, 소비자를 지원한다(예: DEC Recommended Practices, Sandall, McLean,

& Smith, 2000).

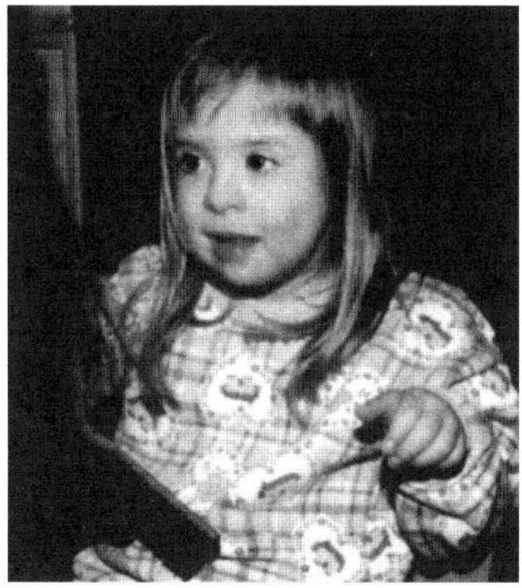

본 연구 결과에서 7개의 모든 선구적 커뮤니티는 다른 커뮤니티가 융합을 모방하도록 돕는다. 적어도 이러한 커뮤니티들은 유아교육 지도자들이 아동과 가족을 위해 최고의 서비스를 개발하도록 기꺼이 일하고자 하는 경우에 해당된다. 또한 프로그램의 스태프들이 커뮤니티의 모든 아동들에게 발달적으로 적절한 경험을 제공하기 위하여 서로 협동하고 가족들과 함께 일하는 것이 중요하다.

이 임무의 중요성은 위스콘신 주 라크로스(LaCrosse, Wisconsin)에 있는 Gundersen Clinic의 재진술된 성명에 잘 나타나 있다.

> 나는 당신의 언어를 배울 것이고, 당신에게 나의 언어를 가르칠 것입니다. 당신이 알고 있는 것을 더 잘 알기 위하여, 그리고 나의 진부한 마음의 자세를 변화시키기 위하여, 당신이 지각하는 것과 피드백에 관하여 물을 것입니다. 나는 나의 전문성의 강점과 약점을 당신과 함께 나누어 우리 모두가 함께 성장할 수 있도록 할 것입니다. 나는 '학문의 비법'이나 '프로그램의 비밀'을 당신에게 숨기지 않을 것이며, 나의 전문 영역에 집요하게 매달리지도 않을 것입니다. 당신이

나를 화나게 한다고 느낄 때 당신에게 말할 것이고, 당신도 나에게 말해 주기를 원합니다. 나는 당신에게 맞설 것이며, 당신에게 도전하고, 당신의 이야기를 듣고, 당신에게서 배울 것입니다. 당신 역시 나와 같이하기를 기대합니다. 함께라면 우리는 혼자서 할 수 있는 것 이상을 해낼 것입니다.

주

Sharon Rosenkoetter: rosenkoetter@oregonstate.edu

참고문헌

Guralnick, M. J. (2001). *Early childhood inclusion: Focus on change*. Baltimore: Paul H. Brookes.

IDEA(Individuals with Disabilities Education Act) (1997). PL 105-17, 20, USC.

Lieber, J., Hanson, M. J., Beckman, P. J., Odom, S. L., Sandall, S. R., Schwartz, I. S., Horn, E., & Wolery, R. (2000). Key influences on the initiation and implementation of inclusive preschool programs. *Exceptional children, 67*(1), 83-98.

Odom, S. L., Horn, E. M., Marquart, J. M., Hanson, M., Wolfberg, E., Beckman, E., Lieber, J., Schwartz, I., Janko, S., Sandall, S., & Li, S. (1999). On the form of inclusion: Organizational context and individualized service models. *Journal of Early Intervention, 22*(3), 185-199.

Odom, S. L., Vitztum, J., Wolery, R., Lieber, J., Sandall, S., Hanson, M., Beckman, E., Schwartz, I., & Horn, E. (2004). Preschool inclusion in the United States: A review of research from an ecological systems perspective. *Journal of Research in Special Educational Needs, 4*(2), 122-129.

Patton, M. Q. (1990). *Qualitative evaluation and research methods.* Newbury Park, CA: Sage.

Sandall, S., McLean, M. E., & Smith, B. J. (2000). *DEC recommended practices in early intervention/early childhood special education.* Longmont, CO: Sopris West.

헤드 스타트와 학교 지구 간의 협력

관계 기관 간의 협정 작성하기

Michael W. Wischnowski, Ph.D., St. John Fisher College, Rochester, NY

Jill Pfluke, M.A., Elmira City Schools, New York

Dolores Twining, B.S., Chemung County Head Start, New York

뉴욕의 작은 도시에서 헤드 스타트 프로그램의 장애 코디네이터(disabilities coordinator)로서, 로라는 몇 개의 지역기관에서 개별화 교육 계획 프로그램(IEPs)에 참여하는 학생들이 보다 질 높은 서비스를 받도록 전문가들과 함께 성실하게 일한다. 질적인 면에서 중요한 것은 특수아동에게 서비스를 제공하는 모든 관계자들 간의 효과적인 의사소통이다(Sandall, McLean, & Smith, 2000). 로라와 헤드 스타트 동료들이 매일 상호작용하는 중요한 파트너들은 시의 학교 지구의 교사, 치료사, 행정가들이다. 그들은 관할 내의 특수유아에게 질 높은 서비스를 제공하고 조정하는 책임을 함께 진다. 헤드 스타트 프로그램은 학교 지구의 특수유아에게 지역 교육 당국에서 제공하는 자연적이고, 통합적이며, 최소제한환경으로 간주된다.

로라가 학교 지구 내의 학생들을 위하여 서비스를 조정하는 데 가장 이야기를 많이 나누고 싶은 사람은 에이미일 것이다. 에이미는 그녀의 학교 지구에서 유아 특수교육 서비스 전달에 있어 핵심적인 의사 결정권자다. IDEA와 뉴욕 주 규정에 명시된 유치원 정책에 따라, 에이미는 특수아동과 모든 일반 아동에게 유치원 서비스를 제공하는 공동체 기관과의 관계를 구축하기 위해서 독립적인 지구(self-contained district)를 찾고 있었다. 헤드 스타트 프로그램은 바로 이러한 새로운 설정과 가능성을 구축하기 위한 가장 중요한 관계 중 하나다. 이러한 때에, 에이미와 로라는 아동들에게 '질적인' 서비스를 제공하기 위하여 노력하였다.

1996년, 연방 규정은 헤드 스타트 프로그램이 그들이 함께하는 서비스 관계를 문서로 명시해야 한다고 강하게 주장하였다. 그것은 '헤드 스타트 프로그램 수행 표준: CFR 1304.41'(U.S. Department of Health and Human Services, 2002)에 나타난 것과 같다. 각 헤드 스타트 기관은 기관 사이의 협정을 공동 집필하였다. 특히, 지역 교육기관은 특수아동에게 전달되는 서비스 과정을 상세히 서술했다. 로라와 에이미는 이러한 요구 조건을 토의하고, 그들 스스로가 작성하는 협정에 대한 전반적인 내용을 염두에 두고 특수아동에 대한 지역 헤드 스타트의 질적 향상 센터(Head Start Quality Improvement Center for Disabilities)에서 협정을 작성할 때 보조가 필요하다고 요청하였다(QIC-D).

무엇이 기관 간의 협정인가

기관 간의 협정은 똑같은 인구에 대한 서비스의 제공을 위하여 협력적으로 일하는 둘 이상의 기관의 현재 절차에 대한 기록이다 (Hadden, Fowler, Fink, & Wischnowski, 1995). 비록 기관 간의 협정이 일종의 계약처럼 보일지도 모르지만, 그것은 각각의 기관이 반드시 따라야 하는 규정과 절차 등에 대한 반응, 즉 그 속에 절차에 대한 이해가 포함되어 있다. 협정은 기관이 어떻게 다양한 정책을 지켜 나가고 있는지 설명하기도 한다. 그러나 더욱 중요한 것은 기관의 스태프들이 서비스 전달의 핵심적인 영역에서 그들의 상호 의존적 의무를 어떻게 수행하고자 하는지에 대해 일관성 있게 기술하는 것이다.

이상적으로 기관 간의 협정은 상호 관계적이다. 첫째, 핵심적인 결정권자에 의해 분명히 표현되고, 둘째 양쪽 기관의 스태프에 의해서 승인되며, 셋째 양쪽 기관의 행정가들과 이사회에서 합의되고, 넷째 모든 이해 당사자(stakeholder)에 의해 지지된다. 기관 간의 협정은 어떻게 협력 관계가 이루어져야 하는지에 대해 기존의 스태프와 신임 스태프들에게 참고할 수 있는 자료가 된다. 명확한 목적과 갈등의 해결, 새로운 정책의 준수 그리고 서비스의 질에 대한 평가를 양쪽 기관이 공동으로 관리한다.

보이지 않는 협정

성문화된 기관 간 협정의 첫 번째 단계는(서두의 프로그램에 대한 사례) 종종 과거에 이미 수행된 서비스 전달의 기초가 된, 이미 존재할지도 모르는 '보이지 않는 협정'을 인식하는 것이다. 보이지 않는 협정은 기관 관계자들 간의 '작업이 어떻게 수행되어야 하는지'에 관해 구두로 설명되는 문서화되지 않은 내용이다. 보이지 않는 협정에서 각각의 집단은 자신의 기관에 밀접하게 관련되어 있는 규정을 지키고자 노력한다. 그러나 이러한 것을 다른 집단과 공유하지는 않는다. 이러한 의사소통의 부재는 서비스의 중복과 차이뿐 아니라 오해를 낳는다. 성문화된 공식적인 기관 간 협정을 작성하는 동력이 되는 것은 아동과 그 가족들이 더욱 좋은 서비스를 받게 하기 위해서 서비스의 중복, 차이, 오해를 줄이고자 하는 것이다. 서두의 이야기에서 두 기관은 성문화된 협정 없이 서비스를 제공해 오고 있었다.

관련 기관 간의 협정 분석

로라와 에이미가 속한 두 기관을 지원하는 QIC-D 자문위원은 Meyerpeter와 Peterson(1996)에 의해 개발된 기관 간의 협정 작성 과정을 사용하였다. 로라와 에이미와의 개별적인 전화 인터뷰 후에 그들은 회의 날짜를 정하였다. 첫 회의 동안, 그들은 첫 번째 기관 간의 협정이 모든 동의하에 이루어져야 하는, 대단한 것이 되어야 할 필요는 없다는 것을 결정하였다. 관계자들에 대한 잠재적 영향과 그러한 문서에 대한 초기의 불안을 줄이기 위해서, 그들은 첫 번째 초안을 학습의 기회로 삼고자 하였다. 관계자들은 단순히 첫 번째 협정이 자세하게 설명된 기관 간의 작업에 대한 뼈대를 제공할 수도 있다고 생각하였다. 그리고 그것을 완수하기 위해 분투할 만한 가치가 있다고 보았다. 또한 일단 기관이 이 문서를 사용하는 데 익숙해지면 앞으로의 개정이 더욱 구체적인 사항을 제공할 것이라고 믿었다. 더 나아가 그들은 양쪽의 행정가들로부터 승인을 촉진하기 위해서 충분히 광범위한 언어와 구체성 사이에서 균형을 취하는 데 에너지를 집중하기로 하였다. 로라와 에이미가 양쪽 행정가들로부터 승인을 얻을 수 있는 상황을 조성하는 동안, 자문위원은 첫 번째 문서가 작성되면 더 구체적인 방향으로 추진할 것을 약속했다. 그것은 다소 실망스럽겠지만 정치적으로는 현명한 것으로 인정될 만한 암묵적인 타협이었다. 목적은 양쪽 행정가들이 만족할 만한 의미 있는 문서를 작성하는 것이고, 그래서 양쪽 모두 이러한 절차를 문서로 작성하는 데 있어서 자원을 지나치게 확장해서 '너무 많은 것을 약속'하지 않는 것이다.

목표 진술

목표 진술은 일종의 서론이다. 그것은 협정을 읽는 이로 하여금 다음과 같은 사항을 규명하는 것을 돕는다.

- 협정에 동의하는 구체적인 기관
- 서비스 받는 인원
- 협정에서 다루고자 하는 조치의 근거가 되는 주정부와 연방정부의 법률
- 양쪽 집단의 의도

〈표 1〉은 서두의 두 기관 사이의 협정에서 쓰인 목표 진술의 최종본이다. 타 기관 간의 협정서를 원문 그대로 베끼는 것은 기관 간의 진정한 협력을 무산시키는 행동이라는 점을 주목하여야 한다. 제시된 예는 단지 예로서 특정한 협정을 보여 준다기보다 기획의 양식을 이해하는 데 도움이 될 것이다.

〈표 1〉 목표 진술의 예

이 협정의 목적은 주정부와 연방정부의 법률과 규정에 따라서 특수교육을 받는 조건에 맞는 유아들에게 서비스를 제공하는 시 학교 지구와 주립 헤드 스타트 프로그램(County Head Start Program) 사이에 형식 절차를 수립하고자 하는 것이다. 이 협정의 의도는 다음과 같다.

- 각 기관에서 어떠한 서비스를 제공할지 정의한다.
- 유아 특수교육의 대상이 되는 유아들이 적절한 공교육을 무상으로 최소제한환경에서 법률이 요구하는 대로 받는 것을 확실시한다.
- 각각의 기관은 가장 효과적인 방식으로 이용 가능한 자원을 활용하기 위해서 의사소통을 협력적으로 유지하고, 지역 차원에서 지도적 책임감을 공유한다.
- 시 학교 지구와 주립 헤드 스타트 프로그램 사이에서 협력적으로 조정 및 개발되고, 시행되며, 지속되는 것을 확실시한다.

이 협정은 3~6세의 특수교육 서비스를 받을 수 있는 유아에게만 적용된다.

프로그램의 의무 조항

특수아동에게 서비스를 제공할 때, 각 기관이 가지는 중요한 책임에 대하여 협정을 읽는 사람들에게 상기시키는 것이 중요하다. 이러한 책임은 각각의 기관이 기관 간의 협력에 관계없이 법에 의해 수행하도록 한 것이다. 기관 간의 구성 요소를 설명하기 전에 이러한 책임을 분명히 하는 것은 로라와 에이미로 하여금 특수아동에게 서비스를 수행하는 각각의 기관이 독특한 역할을 확립하는 데 도움이 되었다. 〈표 2〉는 이러한 프로그램 구성 요소의 목록의 예를 보여준다.

〈표 2〉 프로그램의 의무 조항(예)

학교 지구의 책임
• 선별(screening)을 위한 절차에 포함된 아동 발견의 노력을 통해서 장애를 가진 유아를 찾는다. • 장애를 가진 유아에게 의무적으로 서비스를 제공한다. • 장애를 가진 유아에게 무상의 적절한 공교육을 제공한다. 이는 IEP의 작성과 실행이 포함되어 있으며, 또한 IEP는 절차적 보호, 관련 서비스 제공 등 모든 IEP 구성 요소를 포함한다. • 장애를 가진 유아를 최소제한환경에 배치한다. 최소제한환경은 최대로 적절한 범위까지 비장애 아동과 상호작용의 기회를 갖도록 한다. • 장애를 가진 유아에게 서비스를 제공하기 위해서 적절한 기관과 협력한다. • 재정 지원 기금과 예산 편성 준비를 위해서 서비스를 받기에 적합한 장애를 가진 유아들의 인원수와 출석에 대한 자료를 제출하고 유지한다.

헤드 스타트 프로그램의 책임
• 3~5세의 서비스 받을 자격을 갖춘 아동들을 모집하여 등록시키고, 서비스를 제공한다. 장애를 가진 유아들은 헤드 스타트 프로그램의 총 등록 수치의 10퍼센트까지 참여가 가능하다. • 등록된 모든 유아들은 건강과 발달 영역에서 잠재적인 문제가 있을 수 있으므로 등록하고 나서 45일 이내에 선별검사를 받는다. • 장애 위험이 발견된 유아는 진단적 평가를 하기 위하여 적절한 전문가에게 의뢰한다. • 장애를 가진 유아에게 서비스를 제공하기 위하여 다른 커뮤니티 기관과 밀접하게 일한다. • 장애를 가진 유아가 '헤드 스타트 프로그램 수행 기준: CFR1304.41'에 따라 대상이 되는 모든 서비스를 받을 수 있게 한다.

협정의 의무 조항에 대해 사전에 이야기함으로써, 각각이 가지는 차후의 서비스 요소에 집중할 때 반복을 상당히 줄일 수 있다.

기관 간의 핵심 절차 부분

협정에서 실행되기를 원하는 기관 간의 핵심 절차를 확인하는 것은 매우 중요하다. 로라와 에이미는 협정서에 반드시 포함시켜야 할 11가지 기관 간 절차—아동 발견/선별, 평가 의뢰, 전반적 평가, IEP 개발, 배치, 구체적인 프로그램 서비스 전달, 고용/감독, 학생 진보, 전문성 개발, 회계와 보고, 유치원으로의 전이—를 규정하였다. 기관 간 협정은 대개 몇 가지 과정으로 작성되는데, 전이(transition)와 같은 특정 과정에 집중할 수도 있다(Fowler, Donegan, Lueke, Hadden, & Phillips, 2000; Hadden & Fowler, 2000; Rous, Hemmeter, & Schuster, 1999; Wischnowski, Fowler, & McCollum, 2000).

각 기관의 대표는 각 절차가 그들의 프로그램에서 어떻게 작용하는지 분명히 설명해야 하고, 기관 간의 설명을 함께 비교 · 대조해야 한다. 합의에 도달하면 상호 간의 이해를 위한 과정을 설명하는 일이 시작된다. 각 부분은 명료함을 잃지 않도록 간결하게 작성되어야 한다. 최종본의 몇몇 부분은 절차의 모든 뉘앙스까지 양쪽이 모두 이해하도록 하기에는 너무 짧을 수 있다. 이러한 경우, 긴 정책, 절차, 요약본, 소책자를 개발하여 절차를 더욱 자세히 설명하도록 한다. 또한 기관은 이후에 몇몇 부분을 더 구체적으로 설명할 수도 있다. 로라와 에이미에게 있어서 목표는 절차의 어떤 측면에 누가 책임을 지는지에 대한 일반적인 정보를 제시하는 것과 직무를 완성하기 위한 적절한 순서를 단계별로 규명하는 것이다.

앞서 언급하였듯이, 기관 간의 협정은 하나 이상의 부분으로 되어 있으며, 이러한 각 부분은 구체적인 과정을 설명하고 있다(예: 아동 발견/선별, 평가 의뢰, 전반적 평가, 전이). 한 부분에 대한 예가 협정에서 배제되는 것과 마찬가지로 포함되는 것 또한 예시되어야 한다. 다음의 예는 서두에서 나왔던 두 기관에 의해 개발된 협정의 '평가 의뢰' 절차에서 발췌한 것이다. 이 부분은 헤드 스타트 스태프나 부모가 아동이 장애를 가지고 있을지 모른다고 의심될 때 사용할 수 있는 절차를 다음과 같이 설명하고 있다.

> 헤드 스타트의 장애 전문가는 부모의 동의하에 특수교육 의뢰 형식을 완성한다. 헤드 스타트 장애 전문가는 부모의 권리 정보와 유아특수교육위원회(CPSE) 절차를 부모에게 설명한다. 가족이 평가받기 위하여 이동하는 데 보조가 필요한 경우, 헤드 스타트 가족 옹호 관계자는 그 지역까지 부모와 동행한다. 학교 지구는 CPSE 회의에 아동 및 가족과 일하는 헤드 스타트 장애 전문가와 다른 직원들을 초빙한다. CPSE 팀은 결정을 내리기 위하여 평가를 활용하고, 부모의 동의하에 다른 평가 자료도 활용한다. 헤드 스타트 가족 옹호 관계자는 동의서(informed consent forms)를 부모에게 준다.

이 논문에서 구체적으로 언급하지 않은 의뢰 과정에는 여러 가지 측면이 있다. 로라와 에이미는 법에서 설명하고 있는 정보인지, 의되 양식 자체에 포함되어 있는 정보인지, 또는 협력에 구체적으로 기여하지 않은 정보인지를 면밀히 밝혔다. 기관 간 협정은 의뢰 과정이 매끄럽게 처리되는 데 필요로 하는 협력을 설명한다. 이 예에서 의뢰에 관련된 기관 간의 파트너십 측면이 명쾌하게 설명되어, 독자는 모든 이해 당사자들을 위하여 의뢰 작업을 하는 각 기관이 '누가 무엇을 하는지' 이해할 것이다. 개인의 이름보다는 지위의 명칭을 삽입하는 것이 중요하다(예: 헤드 스타트 가족 옹호자). 기관 간 협정은 일하는 사람들이 바뀌어도 문제가 되지 않도록 계획되어야 한다. 지위의 명칭이 바뀔 때, 협정은 수정되어야 한다.

마무리 요소

문서의 마지막 장은 세 가지 중요한 주제—① 비밀 유지, ② 종료 절차, ③ 재검토 및 주요 행정가의 서명—에 대해서 언급한다. 로라와 에이미는 그들의 협정을 비밀 유지와 종료에 관한 2개의 진술서로 완료하기로 했다. 첫째로, 비밀 유지 문제가 다루어졌다. 양쪽 기관은 "……가족 교육권과 사생활보호법(Family Educational Rights and Privacy Act)에 나타나 있는 요구 사항을 따른다"[FERPA 준수와 관련된 요구 사항은 다음(www.ed. gov/offices/OM/fpco_)에서 이용 가능하다].

기관 간의 협력은 종종 아동과 가족에 관한 민감한 정보를 공유할 것을 요한다. 이 예에서 협정 작성자는 협정에서 언급되는 아동과 가족의 비밀을 존중하고 그 필요를 명확하게 이해하기를 원한다. 둘째로, 모든 기관 간 협정은 그 문서를 재검토하고 종료하는 과정과 계획에 관련된 진술을 포함해야 한다. 예를 들면, 마무리 부분은 다음과 같이 언급될 것이다.

"이 협정은 적어도 일 년에 한 번 또는 필요에 따라 양쪽에 의해 재검토될 것이다. 이 협정의 종료는 어느 한쪽이 30일 이내로 서면 제출하면 가능하다." 재검토와 수정은 양쪽이 함께하기로 한 기능을 점검하는 것에 초점을 둔다. 이것은 그 협정에 '성공의 가능성(fighting chance)'을 부여하며, 그것은 직원, 과정, 프로그램, 법률 변화 등에 민감하고 유의미한 문서를 만들어 줄 수 있다. 몇몇 커뮤니티에서는, 지역기관 의회에서 그러한 협정을 유지시키고 모니터링하는 메커니즘을 만든다. 이러한 서류는 사용될 것이라는 전제하에 작성될 만한 가치를 가진다. 기관 간의 협정은 종이로 작성된 서류가 가지는 모든 제약을 포함하고 있다(즉, 그것은 무시되거나 잊혀질 수 있다). 그리고 무엇보다도 복잡할 것이다(하나 이상의 기관에 속하기 때문에).

종료에 관한 조항에 부응하여, 협정의 입안자들은 협력이 어떠한 이유로도 성립되지 않을 경우 서로에게 '퇴출'을 요구할 수 있다. 이러한 경우 문서는 유감스럽게도 법적 용도로 쓰일 수 있으나, 이 또한 협력의 한계다(Clifford, 1998). 주요 인물의 협력 부족, 이질적인 정책, 잘못된 절차, 자원의 부족, 기관의 융통성 부족, 경쟁적 분위기, 서로 다른 기대와 같은 기관 간 협력의 장애물 때문에, 협정은 현재의 작업 절차를 기술하는 데 그칠 수 있다(Harbin & McNulty, 1990; Wischnowski et al., 2000). 이러한 것은 새로운 이해가 이루어져야 하며, 새로운 협정이 작성될 필요가 있다는 것을 행정가들에게 제시하여야 한다.

마지막으로, 종결 부분은 전형적으로 관리자와 총감독자 혹은 그들이 지명한 사람들의 서명이 포함된다. 협정이 유의미하고 쓸모가 있기 위해서는 협정에 서술되는 기관 간 작업을 수행하는 직원들이 그 문서를 모두 읽고 유효성을 승인하고, 마지막에 적용하기 전에 피드백을 주어야 한다. 이 과정은 양쪽 기관의 모든 수준에 명확성을 명시하기 위한 참조 사항으로서 동의성을 부여하는 것이다. 핵심 행정가들이 하는 서명은 협정에 기술된 내용에 대한 공식 기관의 승인을 의미하는 것이다. 그리고 그 서명은 서술된 절차가 신뢰할 만한 기관에 의해서 검토되었고, 동의를 받았다는 것을 나타내 준다.

이름보다는 실제

로라와 에이미는 양쪽 기관의 행정가들이 '기관 간 협정'이라는 용어가 지나치게 구속적인 의미를 가지고 있기 때문에, 좀 더 자유롭게 들리고 친숙한 용어인 '이해의 제안서'를 협정의 제목으로 더욱 선호한다는 것을 알게 되었다. 제목이 무엇이든 간에, 양쪽 기관이 그들의 관계를 분명히 설명하고자 하는 용감한 시도를 하기로 결정한 것이다.

기관 간의 협정을 발전시키고 시행하는 것은 상호 의존성과 문제 해결의 의지, 신뢰의 수준과 서로에 대한 책임 그리고 양쪽 기관에서 서비스를 제공받는 아동과 가족에 대한 책임을 나타내는 것이다. 로라와 에이미는 협정의 작성이 그들의 협력 관계를 더 잘 이해할 수 있도록 도울 것이라 확신한다. 그리고 협정의 작성은 다른 이해 관계자들에게 현재와 미래를 이해시키는 데 기여할 것이며, 그래서 그들이 기대하는 '질적'인 서비스가 제공될 수 있도록 할 것이다.

주

Michael W. Wischnowski: mwischnowski@sifc.edu

참고문헌

Clifford, R. M. (1998). The limits of collaboration. *Young Children, 53*(4), 2.

Fowler, S. A., Donegan, M., Lueke, B., Hadden, D. S., & Phillips, B. (2000). Evaluating community collaboration in writing interagency agreements on the age three transition. *Exceptional Children, 67*, 35-50.

Hadden, D. S., & Fowler, S. A. (2000). Interagency agreements: A proactive tool for improving the transition from early intervention to preschool. *Young Exceptional Children, 3*(4), 2-7.

Hadden, S., Fowler, S. A., Fink, D. B., & Wischnowski, M. W. (1995). *Writing an interagency agreement on transition: A practical guide.* Champaign: University of Illinois.

Harbin, G. L., & McNulty, B. A. (1990). Policy implementation: Perspectives on service coordination and interagency cooperation. In S. J. Meisels & J. E. Shonkoff (Eds.), *Handbook of early childhood intervention* (pp. 700-721). Cambridge: Cambridge University Press.

Meyerpeter, J. W., & Peterson, M. (1996). *Getting together: Developing successful interagency agreements between Head Start and local school districts.* Phoenix, AZ: Southwest Human Development.

Rous, B., Hemmeter, M. L., & Schuster, J. (1999). Evaluating the impact of the STEPS model on development of community-wide transition systems. *Journal of Early Intervention, 22*, 38-50.

Sandall, S., McLean, M. E., & Smith, B. J. (2000). *DEC recommended practices in early intervention/early childhood special education.* Longmont, CO: Sopris West.

U.S. Department of Health and Human Services (2002). *Head Start program performance standards: 45CFR-Part 1304.41*(Catalog #860). Retrieved June 12, 2003, from the Internet: Head Start Information and Publication Center at http://www.headstartinfo.orglcgi_bin/pubcatstore.cfm?catID=1148do=detail

Wischnowski, M. W., Fowler, S. A., & McCollum, J. A. (2000). Supports and barriers to writing an interagency agreement on the preschool transition. *Journal of Early Intervention, 23*, 294-307.

영유아의 의사소통 촉진을 위한 어린이집에서의 연구 파트너십 형성

Dale Walker, Ph.D.
Sanna M. Harjusola-Webb, M.A.
Cathleen J. Small, M.S.Ed.
Kathryn M. Bigelow, M.A.
Stacie M. Kirk, M.A.
The University of Kansas Juniper Gardens Children's Project

어린이집 원장을 대상으로 하는 포커스 그룹(focus group) 인터뷰에서 참여자들은 다음의 질문에 대답하였다. "연구 파트너와 함께 일하는 데 장벽이 무엇입니까?" 프로그램 원장들은 연구 파트너에 대하여 주의를 기울여야 했던 경험에 대해 토론하였다. 원장들은 연구자들이 보육 교사들을 존중하고, 교사들이 낮 동안 하는 일에 대하여 알 필요성이 있다는 것에 대하여 토론하였다. 원장들은 연구자들이 교실에 들어와서 교사들을 비판하거나 당혹스럽게 했던 경험을 털어놓았다. "때때로 그들은 교사의 전문 지식과 시간을 존중하지 않습니다." 원장들은 연구자들이 실제를 향상시키기 위해서 교사와 협력하는 대신에 어떤 것이 행해졌어야 하는지, 단지 교사들을 지적하는 부분에 대해서 우려를 나타냈다. 원장들은 연구자들이 유치원 교실에서 일할 때 겪는 실질적인 어려움—스태프로서 일하는 어려움, 스태프의 다양한 교육적 배경과 경험 수준, 스케줄과 매일 반복되는 일과에 대한 요구, 융통성에 대한 요구—을 이해하는 것이 중요하다고 말하였다. 한 원장은 "교실은 현실 상황이므로, 연구자들은 어떤 날은 단지 관찰하거나 미팅하는 일이 부적절할 수 있음을 이해할 필요가 있습니다."라고 말했다. 원장은 연구자들이 교사들에게 존경을 표할 것과 그들과 파트너로서 일할 것을 요구하였다 (Summary of Child Care Directors' Focus Group Meeting, June 2003).

유아교육 실무자들과 연구자들은 유아들과 그 가족의 성과를 향상시키기 위하여 공통의 목표를 공유함에도 불구하고, 목표를 실현하고자 하는 방법에 대해서는 정보를 거의 공유하지 않는다. 또한 많은 연구자가 언어 촉진 전략과 같은 조기중재의 실제 효과성에 대한 지지를 보였음에도 불구하고(예: Guralnick, 1997; Sandall, McLean, & Smith, 2000; Shonkoff & Meisels, 2000; Warren & Gazdag, 1990), 그러한 전략들은 커뮤니티를 기반으로 한 유치원이나 어린이집 프로그램에서는 거의 사용되지 않는다(예: Roberts, Bailey, & Nychka, 1991; Schwartz, Carta, & Grant, 1996; Walker, Harjusola-Webb, Small, Kirk, Bigelow, & Linebarger, 2003). 연구자들은 실제로 사용되거나 실무자들에게 효과를 인정받는 중재 및 전략을 거의 만들어 내지 못한다. 그러므로 유아에 대한 연구와 실제의 차이는 점점 커져간다. 포커스 그룹의 인터뷰 요약에서 Carta와 Greenwood(1997)가 제안하고 반복한 것처럼, 다음과 같은 변수는 실무자와 연구자 사이에 존재하는 의사소통의 부재에 기저를 두고, 연구와 실제의 차이에 영향을 미친다.

- 연구와 실제가 일어나는 공동체 사이의 전반적인 분리
- 실제와 교육 연구 사이에 인식되는 관련성의 부족
- 감당할 수 있는 연구 혁신의 설명에 대한 연구자들의 실패
- 실무자들과 연구자들이 서로에게서 아이디어를 제공받는 기회 또는 전문성 개발에 함께 참여할 수 있는 기회의 부족 (p. 271)

이처럼 일반적으로 지적된 문제들이 유아들과의 효과적인 실제를 성공적으로 달성시키는 데 장애가 된다(Greenwood & Abbott, 2001). 연구자와 실무자 사이의 어긋난 관계는 연구의 사회적 타당성의 부족과(McLean, Snyder, Smith, & Sandall, 2002; Wolf, 1978) 실무자들의 연구 참여의 기회 부족에서 기인한다(Carnine, 1997). 실무자가 그들의 필요와 그들이 사용할 것이라고 기대하는 실제에 대한 의견, 일상에서 접하게 되는 근심거리와 문제에 있어서의 교육적 연구와의 관련성을 질문받는 것은 매우 드물다(Schwartz & Baer, 1991).

연구자와 실제 현장 사이의 분리는 연구자와 유아교육 실무자들이 유아가 보이는 성과를 향상시키고자 하는 그들의 목표에 서로 다른 방법을 통해서 접근하고자 하는 데서 나타난다.

연구자들은 다른 연구자들과 주로 상호작용하고, 학회지 등을 통해서 실제에 대한 발견을 전파한다(Hall, 1991). 반면에 실무자들은 보통 혼자 일하거나, 소수의 동료 교사들과 작업하며, 연구에 기반한 실제의 개발에 기여하거나 배우거나 또는 실행할 기회를 거의 가

지지 못한다(Greenwood & Abbott, 2001; Fuchs & Fuchs, 1998; Kaestle, 1993). 실무자들은 추천 실제에 대하여 간접적으로 반응하는 것을 넘어서서 효과적인 실제를 위한 현재의 지식 기반에 기여하는 과정에는 거의 참여하지 못한다(Buysse, Sparkman, & Wesley, 2003). 그들이 제공하기로 기대되는 실제에 대한 지식의 형성에 있어서 실무자들에게는 책임이 거의 주어지지 않기 때문에(Cuban, 1993), 그러한 지식을 기반으로 한 실제의 실행에 거의 관심이 없다는 것은 전혀 놀라운 일이 아니다. 'Top-down' 접근 방법은 협력 과정을 통해서 발달되기보다는 연구 실제 쪽에서 부과되고, 또한 이러한 것은 지속적으로 유지될 가능성이 적으며, 실제를 실천하는 사람들이 이러한 방법을 실행함에 있어서 충실하게 사용할 가능성은 적다(예: Abbott, Walton, Tapia, & Greenwood, 1999; Rapport, McWilliam, & Smith, 2004). 비록 연구와 실제 커뮤니티가 아동의 성과 향상이라는 공동의 목표를 가지지만, 협력이 부족한 연구에 기반한 실제는 오히려 유아와 직접적으로 일하는 사람들에게는 잘 사용되지 않는 결과를 낳는다.

이러한 공동체를 함께 협력하도록 만드는 것이 연구 협력을 위한 모델이다. 이러한 모델은 연구 파트너십을 통해 아동과 가족의 성과를 향상시키려는 목표에 접근하려고 하는 것이다. 협력 증진을 제안하는 많은 모델들은 협동적인 파트너십과 팀워크를 강조한다(예: Buysse et al., 2003; Fuchs & Fuchs, 1998; McWilliam, 2000; Rapport et al., 2004). Juniper Gardens Children's Project의 연구자들과 유치원과 초등학교 교사들 간에 협력적 파트너십을 성공적으로 형성하기 위해 사용된 하나의 모델은 유아교육자들과의 협력적 연구 파트너십을 이루기 위하여 채택되었다(Walker et al., 2003). 이 모델은 생산적인 연구 파트너십을 이루었기 때문에 선택되었는데, 그것은 지역사회 어린이집 프로그램의 유아교육자들과의 예비 연구 파트너십을 안내해 왔다(〈표 1〉 참조). 이것의 목적은 영유아들의 의사소통 발달을 촉진하기 위하여 증거 기반 전략(evidence-based

〈표 1〉 파트너십과 협력을 위한 모델

요 소	활동과 결과
파트너십	• 프로그램과 연구원들의 연구 파트너십에 참여하는 것을 결정하라. • 프로그램 스태프들과 연구원들 사이에 관계를 맺고 유지하라. • 영유아, 가족, 조기 교육자들의 요구와 목표를 논의하라.
협 력	• 전문성 발달의 범위와 강점을 확인하라. • 중재 요소를 논의하고 현재의 강점을 증진시켜라. • 중재에 가장 좋은 보육 일과와 시간대를 확인하라. • 교사와 연구 스태프들의 만남 형식과 선호도를 논의하라. • 아동들을 위한 중재 계획이 최대의 효과를 낼 수 있도록 개별화하라. • 중재 이행의 점검에 대한 선호를 논하라.
상 담	• 계획에 사용될 아동의 수행과 전략에 관련된 자료를 모으라. • 정기적인 피드백 회의 동안 자료를 공유하고 재검토하라.
전문성 개발	• 결정하고, 중재 실행을 계획하고, 진보를 점검하고, 방향을 설정할 과학적인 연구를 사용하라. • 중재의 성공과 어려움에 관련된 정보를 공유하기 위한 기회를 반드시 확보하라.

strategies)을 사용함으로써 보육을 제공하는 사람들과 연구 파트너십을 이루고자 하는 것이다.

긴밀한 협력 작업과 상담을 목적으로 구성된 팀 접근을 통해서, 전문성 개발 활동은 프로그램과 교사, 아동과 가족의 요구 사항 등을 연계하여 조기의 의사소통 강화를 목적으로 진행한다.

다음에서 협력 모델의 개별적인 요소를 설명하고, 이 모델이 장애를 가지거나 가지지 않은 영유아의 발달을 촉진하는 측면에서 커뮤니티 기반의 유아 프로그램과 가족, 연구자들이 연구 파트너십을 발전시키기 위하여 어떻게 사용되어 왔는지 예시를 통하여 보여 준다. 비록 이 예시들이 영유아의 의사소통 강화를 위한 연구 파트너십의 장점을 강조하지만, 이 작업은 중재의 상황보다 훨씬 폭넓게 적용되어 왔다. 또한 이 모델은 9개의 어린이집 교사 15명과 11명의 영유아를 대상으로 시범적으로 연구해 오고 있다(Harjusola-Webb, 2004; Walker et al., 2003). 이 파트너십 모델은 장애를 가지거나 가지지 않은 영유아들의 세 집단에 교사들이 실시한 증거 기반 언어 촉진 전략을 더 많이 사용할 수 있도록 하는 데 있어서 성공적으로 작용하였다. 일반적으로 영유아들이 중재를 받을 때, 의사소통 관련 성과가 긍정적으로 나타났다(Harjusola-Webb, 2004).

모델의 구성 요소

파트너십

파트너십 요소는 연구자와 교사들을 공통의 임무로 연결하는 과정과 파트너십을 유지하는 과정 모두를 포함한다.

• 파트너십에 관심을 보이는 프로그램을 찾아라

조기교육 교육자들과 연구자들 사이의 파트너십을 수립하기 위해서, 연구 파트너나 연구 또는 프로젝트에 관심을 보이는 프로그램 행정가나 교직원에게 연락을 한다. 연구 파트너를 원하는 이유는 다양하며, 종종 유아 프로그램 행정가와 교육자들이 연구 파트너를 가지는 것에 흥미를 나타낸다. 왜냐하면, 잠재적인 혜택과 지지— ① 전문성 개발 활동에 대한 지지, ② 발달 중재에 대한 기술적 보조와 계속적인 지원, ③ 프로그램 성과와 개별 아동의 진보에 대한 평가와 감독의 보조, ④ 증명이나 평가 인증 기준에 맞도록 하는 일의 보조—때문이다. 잠재적인 연구 파트너의 규명에 있어서, 프로그램과 연구 팀이 전문성 개발과 아동의 성과를 향상시킬 수 있는 잠재성과 공통의 목표를 공유하는 것이 중요하다. 서로 공유하는 목표를 분명하고 의미 있는 방식으로 설명하는 것(예: 목적과 기대와 역할, 혜택을 구체화하는 파트너십 협정)이 연구 파트너십의 기초를 이루는 또 다른 방법이다.

• 프로그램 스태프들과 연구자들 간에 관계를 구축하고 유지하라

연구 파트너십의 기반을 수립하는 것은 프로그램 행정가, 교직원 그리고 팀의 연구자들 사이에서 공감대를 형성하는 것에서 시작된다. 이 목표는 수많은 활동을 통해서 성취될 것이다. 연구자들은 관계 구축 과정의 일부로서 프로그램에 속한 교사와 아동 그리고 가족들을 교실과 양육 프로그램에서의 상호작용과 적절한 참여를 통해서 알게 된다. 이러한 관계를 촉진하는 한 가지 방법은 프로그램에 연구자들을 계속해서 참여시키는 것이다. 가능한 한 똑같은 연구 관련 스태프들과 교사들이 프로그램에 배정되는 것이 바람직하다(Hart & Risley, 1989). 이러한 관계를 더욱 강화하기 위해서, 프로그램 관련 스태프들은 파트너십을 통해서 달성하고자 하는 것에 대하여 필요한 부분과 생각을 명확히 하고, 그들이 중재 목표를 달성하기 위해 사용하는 실제를 설명한다. 프로그램 관련 스태프들은 파트너십 활동에 대하여 의견을 말할 기회를 가져야 하고, 연구자들은 질문하고 경청함으로써, 항상 질문에 대한 답을 하는 위치에만 있어서는 안 된다.

관계를 구축하기 위한 과정의 일부로서 각각의 프로그램의 강점이 인식되어야 하며, 필요성이 규명되어야 한다. 그리고 연구자와 행정가, 교직원들은 파트너십을 지원하는 데 있어서 합의를 해야 한다. 역할과 기대를 구체화하는 협정을 포함할 수 있는 약속은 중요하다. 그래서 연구가 종료되었을 때, 파트너십과 중재 프로그램은 프로그램을 실행할 수 있도록 계속적인 지원을 하고, 그것이 계속 유지되도록 해야 한다. 연구 파트너십을 지속하기 위해서 연구자들과 프로그램 스태프들은 팀 구성원이 하는 말에 귀 기울이는 것이

중요하다. 또한 파트너의 기여에 존경을 표하고, 융통성을 유지하고, 시간 경과에 따른 관련 스태프들과 아동, 가족의 변화에 대한 욕구를 충족시키기 위하여, 그리고 인종적이고 문화적으로 다양한 팀을 존중하고 인식하기 위하여 중재를 수정하고자 하는 의지가 있어야 한다.

• 영유아와 가족의 요구와 목표를 논의하라

파트너십의 우선순위는 영유아와 그들의 가족을 위하고, 중요한 성과를 달성하기 위하여 팀으로서 협동적으로 일하는 것이라는 사실을 명확히 하는 것이다. 그렇게 하기 위해서 연구 파트너들은 정기적으로(매주 혹은 격주마다) 만난다. 이러한 정기적 만남은 발달을 촉진하기 위해 사용하는 관련 교육과정과 Part C(IDEA에 수록된 부분) 또는 다른 특정 서비스, 개별 아동의 초기 수준과 진보 그리고 아동의 초기 발달 또는 오랜 시간에 걸친 발달에 대하여 연구 파트너들이 가졌던 관심을 논의하기 위한 것이었다. 가족은 연구 관련 스태프의 가정방문을 통해 적극적으로 그리고 정기적으로 교사와 연락하고, 이러한 과정에 관련되어 있다. 초기의 가정방문 동안 그리고 프로젝트를 통해, 부모들은 그들 자녀의 강점과 발달에 있어 어떠한 고민을 가지고 있는지 정기적으로 질문받는다. 부모들은 정기적인 회보와 아동보육센터를 통하여 교사나 연구자들과 대화함으로써 계속해서 정보를 제공받는다. 서비스와 지속적인 참여를 위하여 부모들의 의견이 정기적으로 요청된다(예: Trivette & Dunst, 2000).

협 력

모델의 구성 요소는 지역 차원에서 연구와 실제 사이의 간극을 좁히려는 노력에 중점을 둔다(예: Abbott et al., 1999). 모델의 협력적인 부분은 교사와 연구자들이 파트너십의 목표를 증진하기 위하여 참여하는 여러 가지 활동이 포함된다.

• 전문성 개발의 향상을 위한 강점과 영역을 확인하라

프로그램의 강점을 인식하는 것은 연구 파트너십의 긍정적인 면에 초점을 맞추는 것에서 시작하도록 한다. 향상을 위한 영역을 확인하는 것은 새로운 목표를 설명하는 데 도움을 준다. 연구 팀(행정가, 교육과 중재 관련 스태프, 연구자) 간의 초기 회의 동안 전문성 개발 활동 영역이 논의된다. 행정가와 교사들은 그들에게 가능한 전문성 개발 기회를 설명하도록 요청받고, 연구 파트너십을 통해 그들이 설명하고 싶은 다른 영역도 확인하도록 요청받는다. 이러한 제안은 시간이 지남에 따라 센터의 스태프들이 선택함으로써 계획에 포함되기도 한다. 다음으로 논의되는 것은 연구자들이 유아교육 프로그램에 지원할 수 있는 영역 또는 만약 반드시 필요하다면, 요구 사항을 설명하기 위한 다른 자원을 제안하는 부분이다.

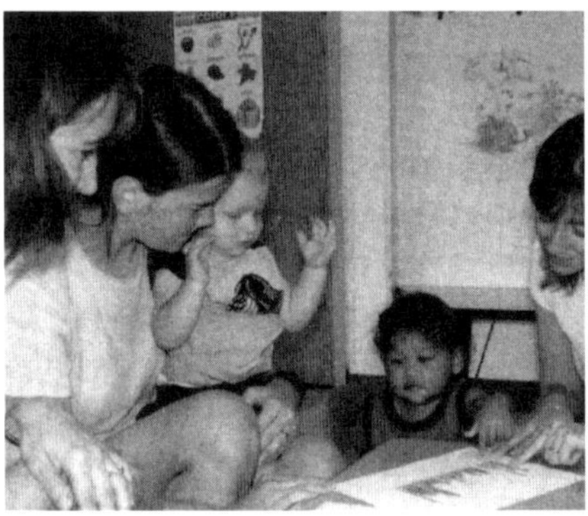

• 중재의 구성 요소를 논의하고 현재의 강점을 강화하라

관련된 중재 요소를 교실에 있는 강점과 연결함으로써 연구 파트너들은 교실 상황에서 중재를 논의할 수 있다. 연구 파트너십에서, 중재의 구성 요소는 연구자들이 이전에 중재를 실행한 연구 파트너로부터 제공받은 정보를 통해 개발한 설명서에 제시되고 논의된다. 어떻게 중재 전략이 다양한 일상생활에서 다양한 기술 수준을 가지고 있고, 다양한 자료(예: 장난감, 책)를 사용하는 영유아에게 적용되는지 예를 들어 명확하게 설명하는 것이 전략을 사용하는 데 있어 촉진제 역할을 한다. 설명서에 있는 부분은 그 영역이 특별한 강점 부분인지 아니면 교사가 필요로 하는 부분인지에 관심을 두고 재고찰된다. 만약 교사가 동화책을 읽는 동안 의사소통 증진에 관심을 보인다면 아마도 그와 관련된 예가 강조될 것이다. 이유인즉, 그러한 예는 교사에게 가장 관련된 것이기 때문이다. 팀 회의 동안 전략이 재검토되고, 교사는 중재 계획이 교사가 계획했던 교실 활동과 호환적으로 사용될 것인지에 대하여 질문받는다. 또한 이러한 조사는 중재에 있어 교사가 계속해서 관련될 것인지를 확인하기 위하여 만들어졌다. 마지막으로 중재 전략을 재검토할 때, 교사가 교실에서 사용하는 장면에 대하여 특히 고려해 보아야 한다. 교사가 아동의 주도를 따르고 아동의 활동에 대해 의견을 제공하는 것이 관찰되었다면, 이 장면은 전략에 관하여 논의하는 데 적합할 수 있다. 그러므로 예들은 교실에서 관찰한 것에서 나오며, 이러한 것들은 교사의 실제에 있어서의 강점을 인식시킨다.

• 중재하기에 가장 좋은 일과와 시간을 규명하라

교사가 중재를 이행하는 동안에 적절한 일과와 활동에 대한 생각과 제안을 교사들로부터 듣는 것은 교사들이 성공적으로 전략을 사용할 수 있도록 도와준다. 교사와 연구자들 사이의 초기 회의 동안, 연구 팀은 교사들이 중재를 가장 효과적으로 이행하는 일과와 활동 및 중재가 전형적으로 일어나는 시간에 대하여 이야기한다. 그러한 일과와 활동은 중재가 처음 실행될 때 사용되어, 교사들이 전략을 잘 사용할 수 있도록 한다. 시간이 지나면서 연구 팀은 아동의 의사소통과 발달적 목표 달성이 일반화되는 것을 촉진하기 위하여, 교실에서 일어나는 모든 일과와 활동에 있어서 전략을 사용하는 방법을 이야기한다.

• 회의 형식과 선호도를 논의하라

연구 파트너들 사이에서 팀 회의에서 제안되는 중재 개발, 계획, 실행은 협력할 수 있는 기회를 제공한다. 그러므로 회의는 때로 교사들에게 가장 편리한 시간으로 정해지는 것이 필요하다. 우리의 프로젝트는 정기적으로 15~30분간 매주 또는 격주 회의로 열리며, 중재, 아동 발달, 교사들이 사용하는 전략을 논의하기 위해 정해져 있다. 교사들은 중재의 실행에 있어서 선호도에 대해 이야기한다. 예를 들어, 어떤 교사들은 아동과 함께 활동할 때 피드백을 받는 것을 선호하고, 어떤 교사들은 팀 회의 때 중재의 실행에 대해 논의하는 것을 선호한다. 우리의 연구 파트너들은 일반적으로 회의를 위해서 정기적인 휴식 시간이나 계획된 시간을 가질 수가 없다. 영유아들은 대체로 규칙적인 낮잠 시간을 가지고 있지 않으며, 영유아 개인의 스케줄에 따라서 낮잠을 자기 때문이다. 팀 회의는 때때로 몇몇 영유아들이 낮잠을 자고 있거나 그들이 거의 없는 시간(예: 하루의 시작과 끝)을 이용한다. 2세 반 교실의 교사들은 전형적으로 팀 회의를 영아들의 낮잠 시간 동안 한다.

• 아동을 위한 중재 계획을 개별화하라

중재는 각 교실, 교사, 아동, 가족들의 강점과 요구를 맞추기 위해 개별화된다. 이러한 융통성은 일상적인 일과와 활동이 자연적으로 발생하는 장점을 이용하여 언제, 어떻게 가장 도움이 되도록 전략을 사용할 것인가를 선택하게 한다. 또한 중재는 다양한 기술을 가진 아동을 위하여 효과를 최대화하기 위해 개별화된다. 가령 교사와 연구자들은 개별 아동의 의사소통을 증진시키는 방법에 대해 협력하며, 아동의 의사소통 수준과 관심에 따라 가장 효과적인 전략을 사용한다. 중재 계획안은 교사들을 위하여 개별화된다. 협력의 진행 과정과 교사들의 중재안의 만족 수준에 대한 피드백은 두 가지 방법—하나는 비공식적이고(예: 논의와 팀 회의), 다른 하나는 공식적인(예: 사회적 타당성 조사)—을 통해 제공된다. 이 정보는 또한 프로그램의 개별화를 촉진하는 데 사용된다.

• 중재 실행 점검을 위한 선호도를 논하라

중재의 실행 또는 '중재의 충실함'에 관한 정보를 모으는 데 협력하기 위하여, 연구 팀은 중재와 관련된 자료를 수집하는 데 참여한다. 연구자들은 아동에게 사용할 전략에 대한 반응과 아동의 성과와 관련된 자료와 함께 중재의 실행과 관련된 정보를 수집한다. 교사들은 자기점검 양식(self-check form)을 이용하여 그들이 사용한 전략과 관련된 정보를 모으기도 한다. 어떤 교사들은 자신의 협력 교사(coteachers)들이 사용하는 전략에 관한 정보를 원하기도 한다. 또한 행정가들은 교사들이 전략을 사용하는 것에 관한 정보를 수집한다. 이 과정은 행정가들이 중재에 관한 정보를 계속 접하게 하며, 중재 프로그램을 계속해서 사용하도록 장려할 수 있다.

상 담

이 모델에서 상담은 연구 팀과의 파트너십을 향상시키도록 하기 위하여 연구 지식과 자원을 공유하는 방법이다. 이 모델에서 중재 전략은 확립되거나, 세분화되거나, 향상되거나 유지될 수 있다.

• 전략의 사용과 아동의 수행에 관한 자료를 수집하라

다양한 자료를 수집하여 중재의 객관적이고 개별화된 점검을 할 수 있도록 한다. 교사를 정보 수집 과정에 참여시키는 것은 연구 파트너들 간의 협력을 고무시킨다. 교사들이 전략을 사용하는 것과 이에 대응하는 아동의 성과는 정기적으로 모든 팀 구성원들에 의해 감독되며, 계획을 세우고 수정하며, 중재를 점검한다. 중재 과정에 대한 정보를 제공하기 위하여 아동의 진보 또는 발달의 여러 가지 지표가 수집된다. 이 모델에서 교사들은 정기적으로 중재가 어떻게 효과가 있고, 성과가 교실에서 지향하는 목표와 어떻게 부합하는지 그들의 관찰과 생각을 바탕으로 하여 의견을 제시한다.

• 정기적인 팀 회의에서 자료를 공유하고 재검토하라

중재 실행 자료와 중재와 관련된 아동의 진전을 팀 구성원들과 함께 공유하고 재검토함으로써, 모든 사람들이 중재와 중재가 영유아에게 미치는 영향을 살펴볼 수 있다. 팀 회의에서 중재를 실행한 것에 관해 그리고 아동의 성과에 미친 중재의 영향에 대하여 수집된 정보는, 아동의 성과에 대응하여 교사가 사용한 전략을 나타낸 도표를 재검토하면서 함께 살펴보게 된다. 이러한 재검토는 연구 팀의 구성원들이 중재에서 어떠한 면을 실행하였고, 어떻게 아동의 의사소통 수준이 교사의 중재로 인해 향상되었는지를 이해하도록 도와준다. 이러한 형식을 사용하면서, 교사들은 그들이 사용하는 전략이 어떻게 아동의 성과를 향상시킬 수 있는지 살펴볼 수 있다. 교사들은 사용하는 전략과 아동의 의사소통 간의 직접적인 대응 관계를 살펴보는 것이 전략의 효과성을 인식하는 데 도움이 된다고 종종 보고한다(Gersten & Dimino, 2001; Greenwood & Maheady, 1997; Harjusola-Webb, 2004).

한 유아 교사는 "나는 내 교실에 있는 유아들의 진보 과정을 실제로 살펴보는 것과 그것을 가시화하는 그래프로 나타내는 것을 정말로 좋아합니다. 내가 이 프로젝트에 참여할 수 있는 기회를 갖게 된 것이 정말로 기쁩니다. 다른 사람들도 이 전략을 사용할 수 있을 것입니다."라고 말하였다.

전문성 개발

모델의 전문성 개발 구성 요소는 유아 교사들이 교실에서 연구에 근거한 정보를 활용하여 실시한 교수 방법과 중재 전략을 향상시키고 개선하도록 한다. 전문성 개발 구성 요소는 팀 구성원들이 평가와 관련된 문제와 그러한 정보가 어떻게 실제와 연결되는지를 논의할 수 있는 기회를 제공한다. 이러한 모델에서, 유아 교사들은 연구 문제를 정의하고, 중재를 계획하고, 직접적으로 중재 실행에 영향을 미치는 것들에 참여하게 된다.

• 의사 결정과 계획, 중재 실행 및 진보를 알아보기 위하여 과학적 방법을 사용하기

협력적인 연구 파트너십에 실제를 결합시키는 것은 유아교육 실무자들에게 현재 실천 중인 실제에 연구를 활용하는 것에 익숙해질 수 있는 기회를 제공한다. 전문성 개발 활동을 통해서, 교사들은 연구 팀에 의해서 그들의 교실에서 수집된 정보를 바탕으로 개별 아동의 중재와 진보에 대하여 의사 결정을 할 수 있는 기회를 갖는다. 교사들은 파트너로서 의사 결정과 계획, 실행 그리고 연구 팀과의 정기적인 회의를 통해서 중재를 점검하는 일에 참여할 수 있다.

• 중재의 성공과 도전을 공유할 수 있는 기회를 확인하기

이 모델에서 중요한 요소는 파트너십에 참여하는 것에 대하여 논의할 기회와 교사들이 성공하였음을 인식하게 하는 기회를 제공하는 것이다. 교사들은 연구 팀과 동료 교사, 행정가 그리고 각 지역의 학회에 소속된 유아교육 전문가들과 연구에 근거한 전략을 실행함으로써, 전략, 성공 그리고 어려움에 대한 정보를 공유할 수 있다.

결 론

이 논문에서 설명한 파트너십과 협력 모델은 영유아의 성과를 향상시키는 것을 목적으로 하여, 유아 교사 팀과 연구자들 사이의 성공적인 연구 파트너십을 증진하기 위해 개발되었다. 이는 팀워크, 협력에 근거를 둔 연구 파트너십과 관련 있고, 운영 가능한 중재를 통해서 유아교육 프로그램에 있어서 연구에 근거한 실제가 많이 사용될 수 있도록 촉진할 수 있다. 이와 더불어 특별한 요구를 지닌 영유아를 위한 성과도 향상시킬 수 있을 것이다.

주

이 논문은 Grant H324C020078에 의해 지원되었는데, 미국 교육부의 The Office of Special Education and Rehabilitation Services(OSERS)에서 자금이 지원되었다. 여기에 제시한 의견은 미국 교육 당국의 정책을 필수적으로 반영한 것은 아니다. 미국 교육 당국으로부터 어떠한 공식적인 승인이 있었던 것도 아니다. 저자들은 이 작업에 기여한 연구 파트너들에게 감사드리고 싶다. 특히, 프로그램 감독관인 Esther Kottwitz(M.A.), Clarissa McDaniel, Shelly Platz, Shannon Reynolds와 Holly Turner(M.A.)의 기여와 파트너십에 감사 드리고 싶다. 우리에게 사회적 타당성에 대하여 가르쳐 주고, 실무가, 아동과 그들의 가족과 함께 파트너십을 형성하여 일하는 것의 중요성을 가르쳐 주며, 아동과 그들의 가족을 위한 성과를 향상시키는 데 사용할 수 있는 실제에 관련된 연구 문제를 고찰하는 데 있어 파트너십의 중요성을 가르쳐 준 Dr. Montrose Wolf에게 이 논문을 바친다. (Dale Walker: walkerd@ku.edu)

참고문헌

Abbott, M., Walton, C., Tapia, Y., & Greenwood, C. R. (1999). Research to practice: A "blueprint" for closing the gap in local schools. *Exceptional Children, 65,* 339-352.

Buysse, V., Sparkman, K., & Wesley, P. W. (2003). Communities of practice: Connecting what we know with what we do. *Exceptional Children, 69,* 263-278.

Carta, J. J., & Greenwood, C. R. (1997). Barriers to the implementation of effective educational practices for young children with disabilities. In J. W. Lloyd, E. J. Kameenui & D. Chard (Eds.), *Issues in educating students with disabilities* (pp. 261-274). Mahwah, NJ: Lawrence Erlbaum Associates.

Carnine, D. (1997). Bridging the research-to-practice gap. *Exceptional Children, 63,* 513-521.

Cuban, L. (1993). The lure of curricular reform and its pitiful history. *Phi Delta Kappan, 75,* 181-185.

Fuchs, D., & Fuchs, L. S. (1998). Researchers and teachers working together to adapt instruction for diverse learners. *Learning Disabilities Research and Practice, 13,* 126-137.

Gersten, R., & Dimino, J. (2001). The realities of translating research into classroom practice. *Learning Disabilities Research and Practice, 16,* 120-130.

Greenwood, C. R. (2003). Commentary: Building community laboratories for experimental studies. *School Psychology Review, 32,* 515-519.

Greenwood, C. R., & Abbott, M. (2001). The research to practice gap in special education. *Teacher Education and Special Education, 24,* 276-289.

Greenwood, C. R., & Maheady, L. (1997). Measurable change in student performance: Forgotten standard in teacher preparation? *Teacher Education and Special Education, 20,* 265-275.

Guralnick, M. J. (1997). *The effectiveness of early intervention.* Baltimore: Paul H. Brookes.

Hall, R. V. (1991). Behavior analysis and education: An unfulfilled dream. *Journal of Behavioral Education, 1,* 305-316.

Harjusola-Webb, S. (February, 2004). *The effects of intervention fidelity on the communication and language outcomes of infants and toddlers. in community-based child care.* Unpublished master's thesis, University of Kansas, Lawrence.

Hart, B., & Risley T. R. (1989). The longitudinal study of interactive systems. *Education and Treatment of Children, 12,* 347-358.

Kaestle, C. F. (1993). The awful reputation of educational research. *Educational Researcher, 22,* 23-31.

McLean, M. E., Snyder. P., Smith, B. J., & Sandall, S. R. (2002). The DEC Recommended Practices in Early Intervention/Early Childhood Special Education: Social Validation. *Journal of Early Intervention,* 25, 120-128.

McWilliam, R. A. (2000). Recommended practices in interdisciplinary models. In S. Sandall, M. E. McLean & B. J. Smith (Eds.), *DEC recommended practices in early intervention/early childhood special education* (pp. 47-54). Longmont, CO: Sopris West.

Rapport, M. J., McWilliam, R. A., & Smith, B. J. (2004). Practices across disciplines in early intervention: The research base. *Infants and Young Children, 17,* 187-196.

Roberts, J. E., Bailey, D. B., & Nychka, H. B. (1991). Teachers' use of strategies to facilitate the communication of preschool children with disabilities. *Journal of Early Intervention, 15,* 358-376.

Sandall, S., McLean, M. E., & Smith, B. J. (Eds.) (2000). *DEC recommended practices in early intervention/early childhood special education.* Longmont, CO: Sopris West.

Schwartz, I. S., & Baer, D. M. (1991). Social validity assessments: Is current practice state of the art? *Journal of Applied Behavior Analysis, 24*, 189-204.

Schwartz, I. S., Carta, J. J., & Grant, S. (1996). Examining the use of recommended language intervention practices in early childhood special education classrooms. *Topics in Early Childhood Special Education, 16*, 251-272.

Shonkoff, J. P., & Meisels, S. J. (2000). *Handbook of early childhood intervention* (2nd ed.). New York: Cambridge University Press.

Trivette, C. M., & Dunst, C. J. (2000). Recommended practices in family-based practices. In S. Sandall, M. E. McLean & B. J. Smith (Eds.), *DEC recommended practices in early intervention/early childhood special education* (pp. 39-44). Longmont, CO: Sopris West.

Walker, D., Harjusola-Webb, S. M., Small, C. J., Kirk, S., Bigelow, K. M., & Linebarger, D. L. (2003, October). *The quality of child care related to language development of infants and toddlers.* Paper Presentation at the International Division of Early Childhood Conference, Washington, DC.

Warren, S. F., & Gazdag, G. (1990). Facilitating early language development with milieu intervention procedures. *Journal of Early Intervention, 14*, 62-86.

Wolf, M. (1978). Social Validity: The case of subjective measurement or how applied behavior analysis is finding its heart. *Journal of Applied Behavior Analysis, 11*, 203-214.

서비스 팀에서 학습 팀으로

팀워크 재개념화하기

Louis Kruger, Psy.D.
Karin Lifter, Ph.D.
Northeastern University, Boston, Massachusetts

조기중재에 있어서는 두 가지 강력한 힘—효율성(efficiency)에 대한 필요성(Tarr & Barnett, 2001)과 전문성 개발에 대한 요구의 증가(Stayton & Bruder, 1999)—이 팀워크를 움직인다. 일단 전문가들이 일을 하게 되면, 서비스 제공을 해야 하는 일상의 현실을 우선시하게 된다. 예산 문제의 압박은 종종 팀의 순수한 업무처리 시간(billable hours)을 최대로 활용하게 한다. 역설적으로 아동들에게 자연스러운 환경에서 제공되는 서비스가 필요하다는 것은 팀이 얼굴을 마주 대하고 함께 일해야 하는 시간도 많아져야 함을 의미한다.

조기중재는 빠른 속도로 진행되고, 지속적인 전문성 개발이 필요한 지식 중심 서비스다. 게다가 전문성 개발에 관한 관심은 증거 기반 실제(evidence-based practice)에 대한 관심의 증가와 가족과 아동들에게 있어서 성과에 대한 관심이 증대되는 것에 기인하여 더욱 높아지고 있다(Sandall, McLean, & Smith, 2000). 이러한 상황 속에서 팀이 구성원들에게 지속적인 전문성 개발을 독려하기 위해서는 창의적이고 시간 효율적인 해결 방안을 고려하는 것이 필수적이다. 한 가지 해결 방안은 전문성 개발 활동을 팀의 일과에 끼워 넣어 실제를 체계적으로 규명하고, 계획하고, 실행하여 그로 인해 서비스 팀을 학습 팀으로 전환하는 것이다.

우리는 전문가 양성 프로그램(Preservice Preparation Program)에서 학습 팀을 개발시켜 왔다. 우리의 프로그램은 학제간의 준비를 위하여 지침에 따라 발전시켜 온 공동 사업이다(Kilgo & Bruder, 1997; McCollum & Stayton, 1996). 그것은 교수들의 학제간 팀, 현재 실제에 참여하고 있는 서비스 제공자 그리고 학문 전공석사 프로그램과 그 분야의 서비스 제공자에게서 소개받아 온 학생들이 준비시키는 가족 구성원들에 의해서 조직된다. 협력 팀에 기반을 둔 학습으로의 접근은 실제로 아동들과 가족들에게 서비스를 제공하는 학제간 팀에 대한 지속적인 전문성 개발을 지원하기 위한 실제로 전환될 수 있다.

이 글의 목적은 어떻게 조기중재 서비스 팀이 학습 팀으로 바뀔 수 있는지 설명하는 데 있다. 우리는 학습 팀의 개념을 정의하고, 팀 활동을 통하여 관련 전문성 개발 영역을 규명하는 것으로 시작한다. 그다음으로 진행 중인 서비스 팀의 상황에서 학습을 시키고 유지하기 위한 전략을 제공한다. 그중 가장 주가 되고 전체를 포괄하는 전략은 인터넷의 사용이다. 마지막으로, 팀과 가족이 학습 팀의 부분이 되도록 돕는 방법을 제공한다.

학습 팀 대 서비스 팀

팀은 공통의 목적을 성취하기 위해 상호 의존적으로 작업하는 개인들이 모인 작은 그룹으로 정의된다(Larson & LaFasto, 1989). 조기중재에서 팀의 주된 목적은 영유아와 그들의 가족들에게 질 높은 서비스를 제공하는 것이다. 우리는 조기중재 팀을 위하여 두 번째로 명확하게 진술된 목적, 즉 구성원들이 전문성을 개발하고 학습을 촉진할 것을 제안한다. 이 두 번째 목적은 팀의 구성원들이 그들의 팀을 서비스 팀과 학습 팀으로 재개념화하는 것을 요구한다. 여기서 가정(assumption)하는 것은, 학습에 대한 관심이 증가함에 따라 두 가지 성과를 이룰 수 있다는 것이다. 준비가 더욱 잘된 서비스 제공자는 결국 더욱 높은 수준의 서비스를 제공할 것이고, 풍부한 직업 경험을 통해서 고양된 의욕을 지닌 팀이 만들어질 것이라는 것이다. 서비스 팀에서 학습 팀으로의 전환은 직업 경험을 풍부하게 만들 수 있고, 또한 그렇게 함으로써 신입 스태프의 적응 과정과 경력직 스태프의 재훈련 과정을 더욱 향상시킬 수 있다. 게다가 학습 팀은 평생학습을 지원한다.

물론 많은 조기중재 팀 구성원들이 공동으로 서비스를 제공하고 정보를 공유함으로써 이미 상당한 양의 학습을 이루어 냈다. 그러나 하나의 학습 팀이 되는 것은 팀이 시스템적이고 구조적인 접근을 집단과 개인적인 면에서 그들 구성원의 학습을 최대화하는 것에 부응하는 것을 전제로 한다. 이러한 유형의 접근은 특히 조기중재에서 중요할 수 있다. 왜냐하면, 팀워크의 개념이 팀 구성원들이 여러 전문 영역에 친숙해지기를 요구하기 때문이다(McWilliams, 2000a). 이것은 최적의 환경에서 극복해야 할 큰 도전이다.

팀 학습을 위한 전문성 개발 영역

팀이 구성원의 전문성 개발에 대하여 구조적인 접근을 체계적으로 계획하는 과정을 시작함에 있어서, 우선 다루어야 할 내용이 명확하게 파악되고 정의되어야 한다. 먼저 세 가지 넓은 영역, 즉 ① 팀워크의 기본 원칙, ② 증거 기반 실제에 대한 해석, ③ 각 학문의 구체적인 지식에 대한 공유가 이루어져야 한다.

팀워크의 기본 원칙

조기중재에 있어서, 팀워크에 대한 강조에도 불구하고 많은 서비스 제공자들이 팀워크의 기본 원칙에 대하여 형식적인 교육을 받지 못했다(Garland & Frank, 1997). 그러므로 조기중재에서 지식을 기반으로 한 중요한 부분이 '직장 내 훈련(on-the-job training)'으로 남겨진다. 그 결과 팀은 팀으로서 기능함에 있어서 그들의 집단 능력에 대한 괴리를 가질 수 있다. 다행히도 팀워크 조사 리뷰(McIntrye & Salas, 1995)와 팀워크에 대한 포괄적인 연구(Larson & LaFasto, 1989)가 다양한 상황에서 팀이 성공하는 데 있어서 중요한 여덟 가지 요소—① 목적(purpose), ② 팀 구성원들의 역량 강화(empowerment of team members), ③ 내적 관계(internal relationships), ④ 피드백

(feedback), ⑤ 조직화된 구조(organizational structure), ⑥ 외적 관계(external relationships), ⑦ 동기(motivation), ⑧ 기술(skills)—를 지적했다. 이 일련의 요소들의 머리글자를 합쳐 'PERFORMS'로 나타낸다(Kruger & Shriberg, 2004).

첫 번째로, 팀은 목적에 일관되게 부합하는 목표와 마찬가지로 구성원들을 동기화할 수 있는 명확한 목적을 가져야 한다(Kruger & Shriberg, 2004). 목표는 팀이 나아갈 방향을 제시한다. 두 번째로, 팀은 구성원들의 역량을 강화하는 지도자를 가짐으로써 혜택을 얻을 수 있다[(그러나 지도자는 그들 팀의 누군가가 현재 필요한 영역에서 전문성을 가졌을 경우 '따르는 사람(follower)'이 될 수 있어야 한다]. 세 번째로, 구성원들은 서로 건설적인 작업 관계를 가져야 한다. 긍정적인 분위기는 팀을 실패와 위기 상황에서 효과적으로 대처하게 할 수 있다. 네 번째로, 팀은 그들의 노력에 대해서 평가하고 평가받는 피드백 과정을 필요로 한다. 높은 기준을 정하는 것도 중요하지만, 그들이 그러한 기준을 충족하는 정도에 대한 피드백도 필요하다. 다섯 번째로, 조직화된 구조가 팀을 성공적으로 이끄는 데 중요한 역할을 한다. 예를 들어, 팀은 목표를 성취하고, 진행 중인 것을 서류화하는 방법, 구성원 간의 분명한 역할 분담, 정기적인 회의 시간, 작업의 성취를 위한 데드라인, 서로 다른 관점의 토론을 용이하게 하는 의사결정 과정 등에 있어서 경험에 기초한 전략을 알고 있어야 한다. 여섯 번째로, 머리글자에서 두 번째 R은 외부적인 관계(external relationships)를 의미한다. 성공적인 팀워크를 위해서 팀은 조직이나 프로그램 행정가들의 지지가 필요하다. 더불어 팀 구성원들은 기회(예: 잠재적인 새로운 서비스)와 잠재적인 위협(예: 재정적 지원의 변화)이 있는지 그들의 환경을 살펴보아야 한다. 외적 환경에 대한 적극적인 인식은 팀이 계속적으로 변화하는 서비스 전달 환경에서 성공하도록 도울 수 있다. 일곱 번째로, 구성원들은 그들의 능력의 한계까지 그리고 공동 작업의 한계까지 수행할 수 있도록 높은 수준으로 동기화되어야 한다. 동기는 팀이 중요한 과제를 수행하고 목표를 성취하는 데 필요한 추진력을 제공한다. 마지막으로, 팀의 성공은 구성원들의 지식과 기술에 달려 있다. 구성원들은 그들의 기술을 독립적으로 그리고 상호 의존적으로 사용하는 데 숙련되어야 한다.

증거 기반 실제에 대한 해석

서비스 제공자가 증거 기반 실제를 실행하기 위해서는 지식과 기술을 갖추는 것이 점차적으로 중요시되고 있다. 어떤 실제들이 아동들과 가족에게 효과적인지에 대한 연구 논문이 상당히 많으며, 계속 증가하고 있다(Guralnick, 1997). 학문에 대한 믿음과 가치와 마찬가지로 이러한 증거는 현장에서 DEC의 추천 실제의 기저를 이룬다(Sandall et al., 2000). 증거 기반 실제를 일상의 서비스 전달에 부합되도록 하는 것은 서비스 제공자들에게는 어려운 일이다. 비록 실제에 대한 요구가 서비스 제공을 강조하지만, 증거 기반 실제에 대한 관심의 증가에 수반하여 팀이 하는 것이 무엇인지 스스로 반성하고 평가할 것을 기대한다.

이 도전에 포함되는 것은 결과에 대한 거듭되는 강조다(Sandall et al., 2000). 기본적인 질문은 '조기중재 서비스가 장애를 가진 아동과 그들 가족에게 향상된 성과를 가져오는가?' 하는 것이다. 주정부와 연방정부가 이러한 도전으로 어려움을 겪고 있을 때 서비스 제공자들은 지식과 기술을 제공하는 주요 관계자로서 성과의 정의와 측정에 참여하고, 또 기여해야 한다. 어려움은 여전히 남아 있다. 실제를 반성하고 평가하기 위해서는 이를 위한 시간과 공간이 필요하다.

각 학문의 구체적인 지식과 기술 및 핵심 능력 공유하기

증거 기반 실제와 성과 향상에 대한 관심의 증대에 따르는 어려움은 각 학문 영역에 비추어 구체적으로 다루어져야 한다. 팀에 참여하는 각 학문은 증거 기반 실제에 관련한 문헌에 기여하고 있다. 그 결과, 특정한 학문을 대표하는 팀 구성원은 논문에 접근하고, 이해하며, 그것을 다른 구성원들을 위해 실제로 바꾸어 보여 주는 위치에 있다.

정의에 따르면, 조기중재 팀은 서로 다른 학문 영역에서 구체적인 전문성을 가진 사람들로 구성된다. 그들 중 몇몇은 모든 학문 분야에서 공통적이어야 하는 조기중재의 핵심 능력 외에도 부가적인 예비 서비스를 준비하고 있다(Yates & Hains, 1997). 그러한 준비가 되어 있지 못한 구성원은 일을 함에 있어서 불리하게 된다. 청소년과 달리 유아나 학령기 아동과 함께 일하는 데 필요한 기술, 즉 질적으로 다른 지식과 기술에 대해서 많은 것들이 기록되고 있다(Stayton & Bruder, 1999). 학습 팀은 핵심적인 능력에 있어서 지식과 기술을 증진시키는 데 중요한 수단이 될 수 있다.

학습 팀의 발달을 촉진하는 지침

다음의 여섯 가지 지침은 서비스 제공자들이 그들의 팀을 서비스 팀에서 학습 팀으로 전환할 때 도움이 되는 사항들이다. 첫 번째로, 팀은 그들의 학습에 대한 필요성을 증거 기반 실제와 구체적인 지식의 공유 그리고 팀워크라는 면에서 평가해야 한다. 필요에 따라서, 몇몇 팀은 주어진 시간 동안에 이 세 가지 평가 기준 중에서 하나 또는 그 이상에 집중할 수 있다.

두 번째로, 팀은 학습에 대한 요구 조건을 전문성 개발 전략과 대응시킬 필요가 있다. 온라인 통신을 이용한 시스템을 설정함으로써 팀워크를 향상시키기를 원하는 팀은 관련된 지침과 의사소통을 위한 에티켓을 알아보기 위하여 토론 게시판이나 다양한 사이트를 이용할 수 있다. 만약 학습의 필요가 증거 기반 실제와 관련되었다면, 그 팀은 또다시 인터넷에 접근해서 검색엔진으로 학회지를 검색하거나 특정 영역의 온라인 강좌를 수강하기로 결정할지도 모른다. 만약 팀의 구성원들이 문제 해결 과정을 어느 정도 체계적으로 사용하는지에 관심을 가진다면, 그들은 문제 해결을 위해 그동안 해 왔던 과정을 온라인 일기에 기록해 나갈 수도 있다.

세 번째로, 팀은 그들이 전문성 개발을 위하여 소요하는 시간을 주의 깊게 평가할 필요가 있다. 높은 수준의 학습 수행 팀은 전문성 개발에 시간을 적게 사용할 필요가 있는데, 학습에 대한 지나친 강조가 실제로 서비스 전달에서 그들의 수행을 감소시킬 수도 있다 (Bunderson & Sutcliffe, 2003).

네 번째로, 비록 팀의 화합이 실제 직무 수행과 정적인 상관관계를 가질지도 모르지만(Beal, Cohen, Burke, & McLendon, 2003), 팀은 구성원들이 반대되는 관점을 가지고 있어 쉽지 않은 결정을 내릴 때조차 의견 일치를 보기 위해서 지나치게 집중해서는 안 된다. 그러한 환경은 학습하고자 하는 것을 억압할 수 있다. 대신에, 구성원들은 '건설적인 논쟁'에 참여하도록 격려될 필요가 있다(Tjosvold, Wedley, & Field, 1986). 건설적인 논쟁은 구성원들이 그들 각각의 상이한 의견을 공유하고, 또한 동료의 관점을 이해하기 위한 일종의 토론이다. 그것은 만일 그들이 협력적인 상황에서 토의한다면, 의견의 차이가 새로운 통찰과 팀의 학습을 이끌어 낼 수 있다는 가정에 기초한다.

다섯 번째로, 팀은 노동 분배를 효율적이고 팀 구성원의 학습이 촉진되도록 조심스럽게 진행할 필요가 있다. 초학문적 팀 접근(transdisciplinary team approach)에 일치하는, 조기중재의 추천 실제는 팀 구성원들 간의 책임 문제 면에서 상당한 중복을 요한다(McWilliams, 2000a). 팀은 그들의 책임 영역이 어느 정도로 중복되어야 하고, 어느 정도로 가까운 협력 관계를 유지해야 효과적으로 균형을 맞출 수 있을지를 결정하는 데 종종 어려움을 겪는다. 한 가지 해결책은 유사한 책임을 역할 파트너에게 부여하는 것이다. 파트너로 짝지어진 구조는 초학문적 철학을 효율적으로 나타낼 뿐 아니라, 팀 학습을 향상시킬 수 있는 가능성을 보여 준다(Ellis, Hollenbeck, Ilgen, Porter, & West, 2003).

마지막으로, 균등하지 않은 노동력 분배는 높은 수준으로 학습하는 팀 구성원들의 사기를 위태롭게 만들며, 균등하게 책임 분배를

하지 않을 경우 학습력을 떨어뜨릴 수 있다(Ellis et al., 2003). 그러므로 팀은 비교적 균등한 노동의 분배를 확실히 하기 위하여 정기적으로 그들의 조직 구조를 점검해야 한다.

학습 팀을 위한 구조적 상황

학습 팀의 성공은 부분적으로 더욱 큰 조직적 상황의 지원에 달려 있다. 이러한 면에서 세 가지 영역이 특히 중요한데, 그 영역은 다음과 같다. 즉, ① 학습에 대한 지도력, ② 변화에 대한 저항의 최소화, ③ 파트너십의 개발이 그것이다.

학습에 대한 지도력

지도자들은 학습 팀의 발전과 관련하여 아이디어를 지지할 수 있고, 학습에 대한 지지를 제공하고, 전문성 발달과 호환성이 있는 정책을 진행시켜야 한다. 학습 팀의 발전에 대한 아이디어를 지지하기 위해서, 지도자들은 아이디어의 이득과 한계에 대한 인식을 전달함으로써 팀에 대한 그들의 믿음을 보여 줘야 한다. 또한 그 아이디어를 발전시킬 기회를 만들고, 좌절적인 상황에서도 인내심을 보여 줘야 한다.

지도자들과 동료의 지지가 학습 활동에 참여하려는 동기에 영향을 미칠 수 있다는 연구들이 있다(Maurer, Weiss, & Berbeite, 2003). 지지적인 학습 문화를 발전시키기 위해서 조기중재 지도자들은 학습 팀의 아이디어를 지지할 뿐만 아니라, 조직의 구성원들로 하여금 서로 지지하도록 격려한다. 전문성 개발을 지향하는 정책은 개인이 학습 활동에 참여하는 수준에 영향을 주는 것처럼 보인다. 예를 들면, 지도자가 휴식 시간과 같은 강화물을 학습에서 앞서 가는 개인에게 제공할 수 있다. 자격 갱신을 위한 전문성 개발을 요구하는 주에서는 지도자가 전문성 개발의 목표에 대한 스태프들의 진보를 기록할 수도 있다.

변화에 대한 저항의 최소화

학습 팀을 시행하고자 하는 제안뿐 아니라, 변화를 만들고자 하는 노력은 대부분 스태프들로 하여금 저항을 불러일으킬 것이다(Pasmore & Fagans, 1992). 몇몇 개인들은 그들의 편안한 일상이 방해받을 수 있다는 두려움 때문에 변화에 저항할 수도 있다. 만일 변화에 대한 노력이 적절하게 계획된다면, 이러한 저항과 저항의 자원을 규명하고 직접 대처할 수 있다. 변화에 대한 저항을 최소화하기 위하여 조직 수준의 중요한 전략의 변화로 인해 영향을 받게 될 사람들을 변화 과정의 결정에 포함시키는 것이다. 조직 내에서 변화를 위한 노력에 실제적으로 참여함으로써 작업 수행의 향상과 스태프들의 만족과 같은 긍정적인 결과를 낳을 수 있다.

파트너십의 개발

생산적인 파트너십은 학습 팀이 발전하는 것을 지원하는 데 도움을 줄 수 있다. 분명히 팀은 대학들과 파트너십을 만들 수 있다. 보통 커뮤니티에 대한 봉사 활동은 고등교육의 임무로서 어떠한 기관에서도 중요한 부분이다. 교수진은 연구를 실제로 바꾸는 것과 같은 주제에 관련하여 지속적인 교육 활동이나 워크숍 등을 제공할 수 있다. 교수진은 종종 현장에 기반을 둔 연구를 할 수 있는 기회를 찾는다. 사실상 파트너십이 지속된다면 그것은 상호 간에 이득이 될 것이다.

또한 팀은 전문성 개발을 지원할 필요가 있는 주정부 기관과 파트너가 될 수 있다. 기관은 서비스 제공자들이 구성한 학습 팀이 발전하는 것을 돕기 위하여 그들과 기꺼이 공동 작업을 할 것이다. 여전히 조기중재 서비스를 제공하는 기관의 협회의 발전이라는 면에서 파트너십의 또 다른 형태가 존재한다. 몇몇 주에서는 큰 상업적 회사가 서비스를 제공한다. 기획력을 갖춘 파트너십 그룹은 전 프로그램에 걸쳐서 학습 팀의 개발을 지원하는 지원금을 신청할 수도 있다.

전문성 개발을 위해 인터넷 사용하기

어떠한 팀이든 학습 팀으로 발전하는 과정에서 어려움을 겪기 마련이다. 특히, 그 팀의 구성원들이 서비스 전달의 책임을 다할 만한 충분한 시간이 없을 때 그러하다. 다행히 인터넷은 학습 팀이 전문성 개발 요구의 일부를 다루는 데 시간적인 면에서 효율적인 해결책을 제시할 수 있다.

왜 인터넷을 사용하는가

조기중재 팀의 구성원들은 서비스를 제공하기 위해서 유아들과 그 가족들이 있는 자연스러운 환경을 방문한다. 이처럼 그들은 온종일 한곳에 머무르지 않는다. 이러한 방문 계획은 전체 팀이나 똑같은 가정방문의 계획을 가지지 않는 구성원과 직접 만나서 회의하는 데 있어서 장애가 될 수 있다. 그와 반대로 인터넷은 시간과 장소에 구애받지 않고 의사소통할 수 있는 유연성이 있다. 두 명 이상의 구성원들이 상호 간에 편리한 시간과 장소를 조정할 필요 없이 인터넷을 통해 회의가 가능하다.

조기중재의 추천 실제에서 핵심이 되는 것은 가족 구성원을 포함하는 팀 구성원들 사이의 관계에서 평등주의적 접근이다(McWilliams, 2000a). 그러나 실제에서는 서로 다른 지위를 가지는 구성원들 간에 의사소통을 촉진하는 데 어려움이 있을 수 있다. 예를 들면, 부모가 '교육받지 못했다.'고 인지되는 것에 대한 두려움으로, 걱정을 털어놓는 것을 꺼릴 수 있다. 이러한 유형의 심리적 억제는 인터넷을 통한 의사소통에서는 덜 일어난다.

직접적으로 얼굴을 마주하는 의사소통과는 달리, 인터넷 집단에서 개인의 역할과 지위는 언어적 행동에 훨씬 덜 영향을 미치는 것으로 보인다(Bordia, 1997). 그리고 온라인 토론은 더욱 평등한 경향을 띤다(Dubrovsky, Kiesler, & Sethna, 1991). 그러므로 인터넷의 신중한 사용은 가족 구성원을 포함하는 팀 구성원들 사이의 의사소통을 촉진할 수 있다.

학습 팀을 촉진하기 위한 인터넷의 사용

인터넷이 학습 팀에 어떻게 도움을 주는지 개념화하는 데 다음의 네 가지 비유를 들 수 있다. 인터넷은, ① 정보의 저장소, ② 가상 교실, ③ 일기 또는 일지, ④ 상담 네트워크로 사용될 수 있다(Weksel, Macklem, Kruger, & Garbett, 2002). 어떻게 이러한 비유들이 학습 기회를 제공할 수 있는지 생각해 보면, 팀 구성원들은 인터넷이 어떻게 동시에 팀이 기능적으로 되도록 하고, 서비스를 전달하며, 전문성 개발을 촉진하는 데 사용될 수 있는지 주의 깊게 살펴볼 필요가 있다.

첫 번째는 인터넷을 거대한 도서관이나 정보의 저장소로 비유한다. 예를 들면, 팀 구성원들은 구글(Google)과 같은 검색엔진을 사용해서 중요한 정보를 검색할 수 있다. 인터넷의 광범위한 정보는 구성원들에게 가족과의 협력을 위한 접근의 예와 같이 그들의 지식의 한계에서 보일 수 있는 가족과의 격차를 좁힐 수 있는 선택권을 준다. 물론 일반적인 웹 검색엔진을 사용하는 것의 문제점은 그 결과가 타당한지에 대하여 의문을 가질 수 있다는 것이다. 개인들은 자원의 신뢰성에 대해 상당한 책임을 가진다. 안전한 전략은 인터넷에서 구체적인 학문적 데이터베이스를 사용하는 것이다. 'The Expanded Academic ASAP'와 같은 데이터베이스는 키워드나 다른 조건으로 특정한 논문을 검색할 수 있다. 이러한 검색 서비스의 일부는 심사된 출판물 내에서 조사 작업을 할 수 있도록 한정시켜 주고, 이렇게 경험에 기반을 둔 전략을 사용하게 함으로써 구성원들의 능력을 향상시킬 수 있다. 그러한 출판물을 가족 구성원이나 동료들과 공유하기 전에 그것이 읽기에 용이한지, 찾고자 하는 정보에 관한 것인지, 저작권 문제는 없는지 확실히 알아보아야 한다.

두 번째는 인터넷을 가상적인 교실로 보는 것이다. 온라인 강좌는 Northeastern University에 있는 교사교육 프로그램처럼 실무자들에게 더욱더 사용하기에 용이해지고 있다. 인터넷의 주된 장점 중 하나는 편이성이다. 서비스 제공자들은 더 이상 모임에 참가하기 위해서 휴가를 받거나 저녁에 먼 거리를 여행할 필요가 없어졌다.

세 번째는 인터넷을 온라인 일기나 일지로 사용하는 것이다. 이러한 경우, 구성원들은 인터넷을 그들의 작업에 대한 반성적 사고를 위한 저장소로 사용할 수 있다. 이러한 접근의 목표는 구성원들이 반성적인 사고를 잘할 수 있는 실무자가 되기 위한 능력을 강화하고, 증거 기반 중재를 작업에 연결시키는 팀 구성원들의 능력을 향상시키는 것이다. 온라인 일기는 전문성 개발 포트폴리오의 일부가 될 수 있고, 실무자들이 면허 갱신 요구 조건을 충족시키는 데 도움을 줄 수도 있다. 우리의 학제간 훈련 프로그램인 교사교육에서 학생들의 이론과 실제를 연결시키는 능력, 다시 말해 증거 기반 실제와 관련된 학생들의 능력을 길러 주기 위하여 온라인 일기 쓰기를 해 왔는데 그것은 성공적이었다. 우리 프로그램의 이 부분에 대한 평가는 학제간 팀이 자신들의 실습의 장(practicum sites)에서 교실이론/수업이론(classroom theory)을 실제와 연결시키는 온라인 일기 쓰기를 통해서 배울 수 있음을 제시하였다(Kruger, Lifter, Shishmanian, & Tabol, 2003).

네 번째는 인터넷을 상담 네트워크로 간주하는 것인데, 개인들이 서로 자원에 대한 아이디어를 제공하고, 서비스 전달 문제와 사례에 대하여 토론할 수 있는 장소로서 사용하는 것이다. 한 가지 선택 사항은 팀 구성원들이 온라인 토론 그룹에 참가하는 것이다. 종종 이러한 토론 그룹은 특정 장애에 집중한다. 비록 이 그룹들이 참가하기에 용이하고 중요한 자원을 제공하지만, 그들은 이따금씩 중재자가 부족하고, 유효한 정보와 마찬가지로 잘못된 정보를 퍼뜨릴 수 있다. 그에 대해 대안적이고 더욱 작업 집중적인 선택 사항은 각각의 기관들이 그들 팀의 구성원으로 이루어진 상담 네트워크를 형성하는 것이다. 그러한 네트워크를 조직하고 유지하는 데 필요한 여러 가지 작업에도 불구하고, 두 가지 중요한 이점이 존재한다. 우선 팀은 정보에 대한 통제가 보다 수월해질 텐데, 이는 각종 정보가 구성원들에게서 나오기 때문이다. 그리고 상담 네트워크가 구축된 팀은 서비스 제공자와 부모들이 그들의 필요에 따라 공유할 수 있는 정보를 조절할 수 있다. 다음으로, 일단 네트워크가 개발된 이후에 그것은 사례에 대한 의사소통 도구로 사용될 수 있고, 그렇게 함으로써 잠재적으로 서비스 전달을 용이하게 한다. 만약 그러한 상담 네트워크가 문서로서(예: 실제에 대한 가이드라인) 제시되는 구조화된 토론을 하게 된다면, 그것 또한 전문성 개발 계획 포트폴리오의 한 부분으로 사용될 수 있다.

동료 상담 네트워크로 인터넷 사용을 연구하는 것은 촉망받는 일이다. Kruger와 동료들은 온라인 상담 네트워크의 참여자들과 (Kruger, Maital, Macklem, Shriberg, Burgess, Kalinsky, & corcoran, 2001; Kruger & Struzziero, 1997) 온라인 팀이 온라인 토론에서 얻은 지식에 대하여 긍정적으로 지각하고 있다는 것을 발견하였다.

인터넷 상담 네트워크 사용의 한계

비록 다른 유형의 의사소통(예: 음성과 텍스트)이 인터넷에서 일어날 수 있지만, 가장 흔하고 실질적인 의사소통 수단은 비동시적이고 문자에 기반을 두는, 즉 이메일이나 웹사이트에서 일어나는 것과 같은 것이다. 웹사이트에서는 게시판과 같은 형태의 토론이 있을 수 있다. 이러한 편리함에도 불구하고, 팀의 학습을 진전시키는 인터넷 문자 매체는 몇 가지 한계를 가진다. 주된 한계는 비언어적인 단서와 준언어(예: 억양) 단서의 부재다. 이러한 단서의 부재는 메시지가 잘못 해석될 가능성을 증가시킬 수 있다. 그러므로 구성원들은 잠재적으로 감정적인 문제, 예컨대 건설적인 비평이라도 이메일 등을 통해서 의사소통을 시도할 때 매우 조심하여야 한다.

또 하나, 이메일 사용의 문제점은 보안상 취약하다는 것이다. 그것은 또한 다른 사람에게 메시지를 잘못 보내기가 쉽다. 게다가 대부분의 이메일 전달은 해킹에 취약하다. 따라서 만약 팀원들이 실제 사례를 논의하기를 원한다면, 훌륭한 보안 장치를 갖추고 있고, 계정 이름과 비밀번호를 사용해야 하는, 게시판 프로그램을 사용하는 것이 보다 나을 것이다. 이러한 것은 비교적 보안이 안전하고, 계정과 비밀번호가 필요하다. 이러한 환경에서도 각 개인은 온라인상에서 토론할 때 개인의 신상이 드러나지 않도록 주의해야 한다. 한 예로, 실명을 익명으로 대체하고, 독특한 신체적 특성 등에 대한 묘사는 피해야 한다. 더불어 정보의 비밀을 지키기 위해서 HIPAA 규정에 따르는 의사소통 가이드라인을 개발시켜야 한다. 이에 관해서 의학적 사생활(http://www.hhs.gov/ocr/hipaa)에 대한 'The US Office of Civil Rights Web' 사이트가 유용한 자원이 될 수 있다. 마지막으로, 중요하거나 시간에 민감한 정보는 실제로 만나거나 전화를 통해 전달해야 할 것이다. 최근 인터넷 기술의 발전에도 불구하고, 바이러스 차단과 같은 기술적인 어려움 때문에 아직 다른 의사소통 수단에 비해서 신뢰하기 어렵다.

인터넷 학습 팀의 예

다음의 사례는 우리의 전문가 양성 교육 팀 중 한 팀에서 나온 것이다. 이것은 어떻게 학제간 팀이 온라인 토론 시 구성원들 사이에서 코멘트를 하는지, 그리고 팀의 상호 간의 관계가 일하는 팀들에 어떻게 관련되는지를 보여 준다. 새로운 혼합적 접근(hybrid approach, 온라인과 직접 얼굴을 맞대고 일하는 것)에서, 사례연구는 교실 형식에 있어서 중요한 구성 요소이며, 온라인 게시판 활동을 통해 쉽게 제공될 수 있다. 사례 중 하나는 자폐를 가진 아동에 대해 설명한다. 사례연구 과제에서 학습자들은 아동의 이야기를 읽고, 그 아동의 모든 영역에 있어서의 발달과 자폐의 영향에 대해 의견을 낸다. 학습자들은 그들의 주장을 뒷받침할 수 있는 신뢰할 만한 자료를 인터넷상에 제공하도록 권장된다.

언어병리학 전공 학생인 니나는 아동의 발달 측면과 자폐에 대하여 의견을 내면서 토론을 시작했다. 그녀는 또한 그 아동이 받고 있는 중재와 아동의 가족들이 겪는 어려움의 일부를 규명한다. 그다음

물리치료학 전공 학생인 마리아는 니나의 의견에 동의를 표하며, 그녀의 전문적 학문 분야의 관점에서 니나에게 추가적인 정보를 제공한다. 그녀는 그 아동에게서 나타나는 운동 발달에서 부족해 보이는 것이 무엇인지를 명확히 하고, 자폐에 대해서 도움이 될 만한 정보를 웹사이트에 제공한다. 세 번째 팀원은 셀리다. 그녀는 사회복지학과 학생으로 추가적으로 의견을 내고, 그녀의 연구 분야의 정보를 더했다. 그녀는 아동의 놀이에 대하여 코멘트를 하고 일반적인 놀이를 자폐와 관련시킨다. 그녀는 양육자와 자폐를 가진 아동을 돌보는 역할에 대한 정보를 제공한다. 니나는 그녀의 팀 구성원들의 코멘트를 읽고, 관련된 개인적인 경험을 제공하고, 셀리에게서 제공된 정보를 확증한다.

그 과정의 지도교수는 대화의 끝에 코멘트를 더하고, 피드백을 제공하고, 자폐에 관하여 공유된 지식을 확증한다. 그녀는 구성원들 사이의 대화의 질에 대하여 코멘트를 주고, 그들의 코멘트의 구체적인 내용에 대하여 피드백을 준다. 그녀는 팀 구성원의 협동과 정보 교환에 대하여 칭찬을 한다. 학습을 위한 이 팀의 협동의 결과로, 각 구성원들은 아동 발달, 자폐, 다른 팀 구성원들의 경험 그리고 미래에 사용할 자원에 대하여 통찰을 얻는다. 각각의 팀 구성원은 다른 구성원들에게 피드백과 추가적인 정보를 준다. 특히, 그들의 학문 분야에 관련된 정보를 주는 것이 특징이다.

팀 구성원들은 언제, 어디서라도 인터넷을 편리하게 사용할 수 있다는 점을 활용한다면 하루 중 어느 시간대에도 의견을 전할 수 있다. 또한 온라인상 토론은 기록으로 남을 수 있는데, 그것은 이후에도 자원으로 사용될 수 있다. 이러한 것들은 상호 의존적이고 상호 존중의 관계를 발전시킨다. 이러한 관계는 서비스 제공자로서 그들의 궁극적인 일에서만큼이나 훌륭하게 온라인상에서 논의를 통해 전문성 개발을 위한 장을 마련한다. 사실상 〈표 1〉에서 설명한 것처럼, 앞서 언급된 성공적인 팀 기능의 수행을 위한 각각의 PERFORMS 요소들이 사례연구 활동을 통해 설명된다. 게다가 학제간 상황에서 학습한 전문가들은 그와 유사한 상황에서 성공적으로

〈표 1〉 사례에 관련된 PERFORMS의 예

팀워크 영역	예비 서비스의 예
목 적	장기 목표는 목적과 일치한다(자폐증에 관한 사례연구).
역량 강화	한 명의 팀 구성원이 안건을 제안하였다. 참여자들의 상이한 전문성이 존중받았다. 지도자는 참여자들의 역량을 강화하였다.
관계(내부적)	긍정적인 분위기가 조성되었다. 다른 사람들이 말하는 것이 고려되었다.
피드백(평가)	상호 간의 피드백과 교수에 의한 피드백
조직 구조	모든 사람들은 참여자라는 면에서, 역할은 동등한 것으로 정의되었다. 토론의 성질이 가이드라인에 따라 정의된다.
관계(외부적)	강의 구조에 대한 지지, 대학의 기술적 지원
동 기	학습하려는 동기와 교육과정을 완수하려는 동기
기술과 지식	팀 구성원과 현장 요원의 기술과 지식이 개발되고 강화된다.

수행할 가능성이 높다는 것을 연구들이 보여 주고 있다(Stayton & Bruder, 1999).

학습 팀의 가족으로의 확대

가족 구성원은 조기중재 팀이 어떠한 일을 하는 데 있어서도 중심이 된다. 예를 들어, McWilliams(2000b)는 자연스러운 환경에서 가족과의 협력과 서비스의 장려를 위해 몇 가지 제안을 한다. 주된 제안 중 하나는 가족들에게 감정적인 지지를 제공하는 것이다. 비언어적이고 준언어적인 단서의 부재에도 불구하고, 이메일은 지지를 제공하는 데 효과적인 매체로 여겨진다. 예를 들어, Dunham, Hurshman 및 Litwin(1998)은 영아를 기르는 미혼모나 편모(single mothers)로 구성된 온라인 그룹에 대한 연구를 수행했다. 6개월간의 연구 기간이 지난 후, 연구자들은 어머니들이 지지의 메시지를 계속적으로 받고, 온라인 그룹에 지속적으로 참여하는 것이 양육 스트레스를 줄여 준다는 것을 알아냈다. 그러므로 서비스 제공자들은 부모들이 자주 온라인상에 참여할 수 있도록 격려하고, 부모들의 메시지에 대해 즉각적으로 지지적인 반응을 보여 줘야 한다.

이메일은 또한 가정에서의 중재 실행에 있어서 문제 해결과 모니터링을 하는 데 시간을 절약해 줄 수 있다. 인터넷 그룹 내의 모든 구성원들이 평등한 역할과 위상을 가지고 있는 이점에 대해서는 이미 언급했는데, 이러한 점은 특히 가족 구성원들에게 중요할 것이다. 팀의 새로운 구성원에게는, 특히 가족 구성원에게는 최초로 그들이 올린 글에 대하여 즉각적으로 응답을 받는 일이 중요하다. 참여한다는 것은 온라인상의 토론을 형성하고 유지하는 데 있어 핵심 요소다. 그러나 이메일에는 한계가 있다. 예컨대, 이메일 메시지로 인해서 발생되는 오해를 즉각적으로 해결하는 것이 언제나 쉬운 것은 아니다. 그러므로 항상 사려 깊고 명확하게 메시지를 전달하는 것이 중요하다. 무엇보다도 특수 용어의 사용은 피해야 한다. 비록 인터넷 접근의 용이성이 인터넷의 사용을 증가시킬 것 같지만, 현재로서 이메일은 여전히 모든 가정에서 활용될 수 없다. 왜냐하면, 어떤 가정은 인터넷에 쉽게 접근할 수 없기 때문이다. 그러므로 팀은 가족들이 접근할 수 있는 방법에 대하여 알아보고, 그에 따라서 의사소통 계획을 개발시켜야 한다.

결 론

현장에서 증거에 기반을 둔 전략을 실행하는 실제에서 계속되는 전이와 아동과 가족을 위한 긍정적인 성과와의 관련성이 설명되면서, 학습 팀으로서 서비스 팀은 조기중재 서비스 제공자의 일을 지지하고 강화할 수 있다. 분명히 토론 그룹, 이메일, 최신 정보와 자원으로의 접속과 같은 온라인 요소들은 팀을 기반으로 하는 학습의 효율성과 실재성을 강화하는 데 중요할 수 있다. 동시에 더욱 새로워진 기술이 팀의 미래의 의사소통 형식과 미디어(예: 휴대전화)를 변화시킬 것이다. 그 형식이 무엇이든 의사소통과 지속적인 학습은 핵심적인 팀의 기능으로서 계속해서 나아갈 것이다.

주

이 논문은 '프로젝트 협력 팀: 다양하고 문화적으로 소수민족 배경의 조기 중재 인적자원을 준비하는 학제간 팀'의 한 부분에서 개발되었는데, 미국 교육부 특수교육 프로그램에 의해서 자금이 지원되었다(Grant # H325A 000035). 이 프로젝트의 보다 자세한 정보는 다음 사이트(http://www.earlyintervention.neu.edu)에서 볼 수 있다. 이 논문의 내용은 자금을 지원한 기관의 의견이나 정책을 필수적으로 반영한 것은 아니다. (Louis Kruger: L.Kruger@neu.edu)

참고문헌

Beal, D. J., Cohen, R. R., Burke, M. J., & McLendon, C. L. (2003). Cohesion and performance in groups: A meta-analytic clarification of construct relations. *Journal of Applied Psychology, 88*, 989-1004.

Bordia, E. (1997). Face-to-face versus computer-mediated communication: A synthesis of the experimental literature. *The Journal of Business Communication, 34*(1), 99-121.

Bunderson, J. S., & Sutcliffe, K. M. (2003). Management team learning orientation and business unit performance. *Journal of Applied Psychology, 88*, 552-560.

Dubrovsky, V. J., Kiesler, S., & Sethna, B. N. (1991). The equalization phenomenon: Status effects in computer-mediated and face-to-face decision making groups. *Human Computer Interaction, 6*, 119-146.

Dunham, P., Hurshman, A., & Litwin, E. (1998). Computer-mediated social support: Single mothers as a model system. *American Journal of Community Psychology, 26*, 281-306.

Ellis, A. P., Hollenbeck, J. R., Ilgen, D. R., Porter, C. O., & West, B. J., (2003). Team learning: Connecting the dots. *Journal of Applied Psychology, 88*, 821-835.

Garland, C., & Frank, A. (1997). Building effective early intervention teamwork. In P. J. Winton, J. McCollum & C. Catlett (Eds.), *Reforming personnel preparation in early intervention: Issues, models, and practical strategies* (pp. 363-391). Baltimore: Paul H. Brookes.

Guralnick, M. J. (1997). *The effectiveness of early intervention.* Baltimore: Paul H. Brookes.

Kilgo, J., & Bruder, M. B. (1997). Creating new visions in institutions of higher education: Interdisciplinary approaches in early intervention. In P. J. Winton, J. McCollum & C. Catlett (Eds.), *Reforming personnel preparation in early intervention: Issues, models, and practical strategies* (pp. 81-101). Baltimore: Paul H. Brookes.

Kruger, L. J., Cohen, S., Marca, D., & Matthews, L. (1996). Using the Internet to extend training in team problem solving. *Behavior Research Methods, 28*, 248-252.

Kruger, L., Lifter, K., Shishmanian, E., & Tabol, C. (2003, December). *Connecting theory to practice: Online, reflective journals.* Poster session presented at the annual convention of the Division for Early Childhood, Washington, DC.

Kruger, L. J., Maital, S. L., Macklem, G., Shriberg, D., Burgess, D. M., Kalinsky, R., & Corcoran, K. (2001). Sense of community among school psychologists on an Internet site. *Professional Psychology: Research and Practice, 32*, 642-649.

Kruger, L. J., & Shriberg, D. (2004). A team approach to planning career development programs. In T. Harrington (Ed.) *Handbook of career planning for students with special needs* (3rd ed.) (pp.

447-481). Austin, TX: PRO-ED.

Kruger, L. J., & Struzziero, J. A. (1997). Computer-mediated peer support of consultation: Case description and evaluation. *Journal of Educational and Psychological Consultation, 8*(1), 75-90.

Larson, C. E., & LaFasto, F. M. J. (1989). *Team work: What must go right/What can go wrong.* London: Sage.

Maurer, T. J., Weiss, E. M., & Berbeite, F. G. (2003). A model of involvement in work-related learning and development activity: The effects of individual, situational, motivational, and age variables. *Journal of Applied Psychology, 88*, 707-724.

McCollum, J., & Stayton, V. (1996). Preparing early childhood special educators. In D. Bricker & A. Widerstrom (Eds.), *Reforming personnel preparation in early intervention: Issues, models, and practical strategies* (pp. 67-90). Baltimore: Paul H. Brookes.

McIntrye, R., & Salas, E. (1995). Measuring and managing for team performance: Lessons from complex environments. In R. Guzzo, E. Salas & Associates (Eds.), *Team effectiveness and decision-making in organizations* (pp. 9-45). San FrancInco, CA: Jessey-Bass.

McWilliams, R. A. (2000a). Recommended practices in interdisciplinary models. In S. Sandall, M. McLean & B. Smith (Eds.), *DEC recommended practices in early intervention/early childhood special education* (pp. 47-54). Longmont, CO: Sopris West.

McWilliams, R. A. (2000b). It's only natural. *Young Exceptional Children* (Monograph Series No.2). Longmont, CO: Sopris West.

Pasmore, W. A., & Fagans, M. R. (1992). Participation, individual development, and organizational change: A review and synthesis. *Journal of Management, 18*, 375-397.

Sandall, S., McLean, M. E., & Smith, B. J. (2000). *DEC recommended practices in early intervention/early childhood special education.* Longmont, CO: Sopris West.

Stayton, V., & Bruder, M. B. (1999). Early intervention personnel preparation for the new millennium: Early childhood special education. *Infants and Young Children, 12*, 59-69.

Tarr, J., & Barnett, W. S. (2001). Cost analysis of Part Cearly intervention services in New Jersey. *Journal of Early Intervention, 24*, 45-54.

Tjosvold, D., Wedley, W., & Field, R. (1986). Constructive controversy, the Vroom-Yetton model, and managerial decision-making. *Journal of Occupational Behavior, 7*, 125-138.

Yates, T., & Hains, A. (1997). State perspectives on personal challenges. In P. J. Winton, J. McCollum & C. Catlett (Eds.), *Reforming personnel preparation in early intervention: Issues, models, and practical strategies* (pp. 27-51). Baltimore: Paul H. Brookes.

Weksel, T., Macklem, G., Kruger, L. J., & Garbett, R. (2002). The future is now. Using online courses for professional development. *Communique, 31*(3), 26-28.

학제간 실제를 위한 유용한 자원

여기서 캠퍼스와 공동체 그리고 리더십을 기반으로 한 학제간 팀의 형성과 아이디어 짜기, 규범화하기와 수행을 지지하는 추가적인 자원을 발견할 수 있을 것이다. 자원은 가격적인 측면에서 다양하다. 많은 것들이 개인의 예산 안에서 사용 가능할 것이다. 그리고 다른 것들은 기관이나 프로그램에 의해서 사용 가능할 것이다.

Camille Catlett, M. A., University of North Carolina at Chapel Hill

체크리스트와 측정

▶ 팀을 위한 기술 목록표

C. Garland, A. Frank, D. Buck & P. Seklemian(1992)

팀을 위한 기술 목록표(Skills Inventory for Teams: SIFT)는 조기 중재 팀의 한 부분으로 기능하기 위하여 필요로 하는 기술의 목록이다. 이 도구는 팀과 팀 구성원 부분으로 나눠질 수 있다. 팀 부분은 전반적으로 팀의 기능성을 시험한다. 팀 구성원 부서는 개인의 팀워크 기술을 검사한다. 각 부분은 선별 범위와 평가 점검 사항으로 조직된다. 선별 범위는 팀과 개별적인 팀 구성원들로 하여금 팀에서 필요로 하는 것과 강점 부분에서 핵심 영역을 확인하도록 도와준다. 점검 사항은 목표로 된 영역에서의 향상을 위해서 분명하게 하고 우선순위를 정하는 데 도움을 준다. 지침과 여백이 있는 물품 목록 형식이 발달 계획을 세우기 위한 형식과 함께 제공된다.

Child Development Resources

P.O. Box 280

Norge, VA 23127-0280

(757) 566-3300

FAX (757) 566-8710

http://www.cdr.org

▶ 팀의 실제 프로파일

A. Frank & C. W. Garland(1997)

이 문서의 핵심은 조기중재 팀을 위한 자기 척도 체크리스트다. 이러한 점검 사항을 완성하는 것과 다음 단계를 규명하는 것은 팀원으로 하여금 더욱더 가족 중심적이고, 초학문적인 형태의 서비스 전달을 지원할 수 있으며, 팀의 문제 해결 능력을 향상시킬 수 있다.

Child Development Resources

P.O. Box 280

Norge, VA 23127-0280

(757) 566-3300

FAX (757) 566-8710

http://www.cdr.org

인쇄 자료

▶ 계획: 가족 중심, 학제간 전문가 양성 훈련

A. Whitehead, B. Ulanski, B. Swedeen, R. Sprague, G. Yellen-Shiring, A. Fruchtman, C. Pomije & P. Rosin(1998)

교수진과 강사에 대한 여기서의 안내는 위스콘신 대학교의 웨이즈먼 센터에서 조기중재에 있어서 가족 중심적인 학제간 훈련 프로젝트에 의해 개발된 것이다. 그것은 서로 다른 학문 분야(세미나, 팀 활동, 가족 멘토 경험, 지역사회 현장실습, 감독 등)의 학생들로부터 자극받고, 지지받고, 학습을 평가받는 데 사용되었던 모든 전략들을 설명한다. 이러한 전략들을 모방하기 위한 모든 재료들이 포함되어 있고, 프로젝트에서 실행을 이끌어 나가는 평가 자료까지도 포함된다.

The Waisman Center

Early Intervention Program

1500 Highland Ave., Rm. S101G

Madison, WI 53705

(608) 263-5022, ext. 132

sanders@waisman.wisc.edu

http://www.waisman.wisc.edu/birthto3/products.html

▶ 신입 교사를 위한 협력 지침

M. S. E. Fishbaugh(2000)

오늘날의 교사들은 다양한 파트너들과 공동 작업을 하도록 요구받는다. 그들은 다른 교사들, 조기중재 전문가, 부모, 보조원, 지역사회 기관 등이다. 그러나 그들과 협력하기에는 적절하게 준비되어 있지 않다. 이 책에서 각각의 문제에 집중하고 있는 장들은 팀 구성원들에게 필요한 핵심 기술을 아우르고 있다. 예를 들면, 효과적으로 의사소통하는 것, 갈등을 해결하는 것, 협력 교수 그리고 감독 등이다. 목적, 대상, 활동, 복사 가능한 형식, 사례 등이 예비 서비스를 위하여 또는 서비스 중에 또는 개인적인 목적을 위해 사용할 수 있도록 이 책에 제시하였다. 다양한 예에서 일반교육이나 특수교육 문제 혹은 모두를 아우르는 영역을 대상으로 삼는다.

Paul H. Brookes Publishing

P.O. Box 10624

Baltimore, MD 21285-0624

(800) 638-3775

FAX (410) 337-8539

http://www.pbrookes.com

▶ 협력 핸드북: 창조, 유지 그리고 과정 즐기기

M. Winer & K. Ray(1994)

이 사원은 내인관계직이고, 조직직이고, 지역사회의 협동을 지지하기 위해서 구성되었다. 각각의 사례에 대한 예시, 활동, 도구 그리고 자원을 제공한다. 또한 믿음, 갈등, 의사결정, 변화를 포함하여 협력하는 데 있어서 나타나는 어려움을 극복하기 위한 사려 깊은 전략들을 소개한다.

Amherst H. Wilder Foundation Publishing Center

919 Lafond Avenue

St. Paul, MN 55104

(800) 274-6024

books@wilder.org

http://www.wilder.org/pubs/index.html

▶ 특수아동을 위한 상담, 협동 그리고 팀워크

P. Dettmer, N. Dyck & L. P. Thurston(2005)(5th ed.)

이 책의 핵심은 모든 연령대의 아동과 일함에 있어서, 가족 중심의 협력을 촉진하기 위한 정보, 점검 목록, 자기평가 그리고 형식으로 구성되어 있다. 이 텍스트 전체에 자유로이 나타난 것은 시나리오와 사진이다. 이것들은 소소한 사례나 적용 사항으로서 사용될 수 있는데, 학습을 실제로 확장시키기 위한 대안적인 과제다. 전체의 장은 협동을 위한 전문성 발달에 집중되어 있다.

Allyn & Bacon/Longman Publishers
One Lake Street
Upper Saddle River, NJ 07458
(201) 236-7000
http://www.ablongman.com

▶ 유아 특수교육 분야의 전문가 양성: DEC의 추천 실제의 실행

V. D. Stayton, P. S. Miller & L. A. Dinnebeil (Eds.)(2003)

이 책은 유아교육과 유아 특수교육 프로그램에 대한 안내를 제공한다. 이들 프로그램은 그들의 학생을 준비시키는 데 있어서 DEC의 추천 실제를 반영하기를 바란다. 전문가 양성 부분의 학제간과 기관 간의 협동에 대한 장에서는 무엇을 가르칠지, 그것을 어떻게 가르칠지에 대하여 제안을 한다. 모델 프로그램, 광범위한 참고문헌, 자기평가 점검 목록과 계획 도구 등이 포함되어 있다.

Sopris West
4093 Specialty Place
Longmont, CO 80504
(800) 547-6747
FAX (888) 819-7767
http://www.sopriswest.com

▶ 참여적 의사결정에 있어서 촉진자를 위한 안내

S. Kaner, L. Lind, C. Toldi, S. Fisk & D. Berger(1996)

이것은 8개 장으로 된 자료집인데, 팀이 의사결정을 할 때 사용할 만한 아이디어로 가득 차 있다. 완전한 참여를 격려하고, 상호 간의 이해를 촉진하며, 통합적인 해결책을 육성하고, 새로운 사고 기술을 가르치기 위한, 분명하고 유용한 자료들이 포함되어 있다.

New Society Publishers

P.O. Box 189

Gabriola Island, BC V0R 1X0 Canada

(800) 567-6772

nsp@island.net

http://newsociety.com/index.html

▶ 협력적인 팀을 촉진하기 위한 안내서

P. Hayden, L. Frederick & B. J. Smith(2003)

이 안내 책자는 지역 유아교육 시스템의 의미 있는 변화를 증진하고자 하는 취지에서 협력적인 팀을 만들기 위한 근거와 자원을 제공한다. 이러한 것의 발달은 시스템 변화와 팀 활동 및 협력에 관련된 효과적인 실제의 연구에 기반을 두었다. 전략, 활동, 복사 가능한 형식, 안내 그리고 격려 등은 모두 협력적 계획의 진행을 위한 자원으로서 제공된다.

Sopris West

4093 Specialty Place

Longmont, CO 80504

(800) 547-6747

FAX (888) 819-7767

http://www.sopriswest.com

▶ 초학문적 놀이 중심 중재

T. W. Linder(1993)

인지적 · 사회정서적 · 의사소통적 · 감각운동적 발달을 증진시키기 위한 초학문적 전략은 이 자원의 강점이다. 개별화 가족 서비스 계획과 교육 프로그램을 고안하고 수행하는 팀 구성원들을 지지하는 초학문적 놀이 중심 중재(Transdisciplinary Play-Based Intervention: TPBI) 계획표를 제공한다.

Paul H. Brookes Publishing

P.O. Box 10624

Baltimore, MD 21285-0624

(800) 638-3775

FAX (410) 337-8539

http://www.pbrookes.com

비디오테이프

▶ 거위 이야기

Training Resource Center/NJDA(1992)

개인으로 하여금 학제간 모델을 추구해 가도록 영감을 불러일으키는 자원은 흥미롭지 않은가? 여기의 4분짜리 비디오는 어떻게 거위들이 팀워크와 협동 모델을 발달시키는지 보여 준다. 그것은 가장 냉소적인 팀 구성원에게까지 영감을 불러일으킬 수 있다.

Eastern Kentucky University

National Juvenile Detention Association(NJDA)

301 Perkins Building/EKU

521 Lancaster Avenue

Richmond, KY 40475-3102

(859) 622-6259

http://www.njda.com

▶ 학제간 팀워크: 명칭만 팀인 팀과 효과적인 팀 되기

Virginia Institute for Developmental Disabilities(1990)

이 비디오의 두 부분은 팀 서비스의 수혜자(장애 유아와 그 가족들)에게 있어 팀 과정의 효과를 강조한다. 2개의 부분에서 활동하는 팀을 볼 수 있는 기회를 제공하는데, 하나는 효과적으로 기능하지 않는 것(파트 1: 명칭만 팀)이고, 다른 하나는 함께 일하는 것을 배우는 것(파트 2: 효과적인 팀 되기)으로 구성되어 있다. 비디오와 훈련 안내는 긍정적인 팀과 부정적인 팀 과정의 분석과 토론을 촉진하도록 구성되었다(팀 구성원들 사이의 의견 불일치, 가족의 우선순위를 존중하지 않는 것, 전문용어를 사용하는 것 등). 이 안내는 배경 정보와 훈련 대상과 내용의 개요를 보여 주고, 예비 서비스 훈련 및 서비스에서 훈련을 위하여 사용할 수 있는 학습 활동을 제안한다.

Child Health and Development Media, Inc. (CHADEM)

5632 Van Nuys Blvd., Suite 286

Van Nuys, CA 91401

(800) 405-8942

FAX (818) 989-7826

http://www.childdevmedia.com

▶ 단지 어린이일 뿐

L. Edelman (producer)(2001)

특별한 영유아에 대한 지지와 서비스는 가족들의 일상생활과 활동 그리고 자연스러운 장면에서 가장 잘 제공된다. 이 비디오의 여섯 가지 이야기는 아동들을 위하여 의미 있는 목표를 성취하기 위한 학제간의 조기중재 팀 구성원들과 가족들 사이의 협력을 나타낸다. 부모들과 서비스 제공자들은 교사나 치료 전문가 그리고 서비스 중재자 같은 다양한 대상에게 예시를 제공하면서 그들의 경험을 돌이

켜 본다. 촉진자는 이야기의 배경 지식과 토론에 대한 제안 그리고 참여자의 학습을 향상시키기 위한 활동을 안내한다.

Western Media Products
P.O. Box 591
Denver, CO 80201
(800) 232-8902
(303) 455-5302
http://www.media-products.com

▶ 새로운 길 탐색하기: 협력에서의 장애

J. Olson(1994)

다섯 가지의 짧은 시나리오가 이 비디오에서 핵심적으로 구성되어 있다. 또한 통합적인 공동체 상황에서 여러 팀들이 겪는 어려움을 반영하고 있다. 손쉬운 대답은 없으며, 의사소통과 역할, 협력, 계획, 다른 철학, 훈련 등의 영역에서 팀이 직면하는 어려움에 대해 토의할 기회가 많이 제공되고 있다.

Idaho Center on Disabilities and Human Development
University of Idaho
129 West Third
Moscow, ID 83843
(208) 885-3588

(800) 432-8324

http://www.educ.uidaho.edu/cdhd

▶ 프로젝트 관계: 양육적인 공동체 만들기와 유지하기

M. K. Poulsen & C. K. Cole(1996)

이 41분짜리(다섯 부분) 비디오테이프는 가족과 전문가들이 심각한 행동 문제가 있는 영유아의 요구를 충족시키기 위해 협력하는 모습을 보여 주고 있다. 글로 쓰인 자료와 더불어, 가족들과 함께 효과적으로 계획하는 데 필요한 기술을 개발하고자 하는 실무자에게 훌륭한 모델로 활용될 것이다.

WestEd Center for Prevention and Early Intervention

429 J St.

Sacramento, CA 95814-2300

(916) 492-4000

http://www.wested.org/cs/cpei/print/docs/220

▶ 초학문적 장면에서의 평가 과정: 팀을 위한 자원

Child Development Resources(1992)

개별화 가족 서비스 계획 개발과 평가 영역에 있어서 6단계의 가족 중심적인 초학문적 접근을 보여 주고 있다. 함께 제공되는 시청법에 대한 안내는 지원 활동과 보충 자료, 초학문적 접근 등에 대하여 개괄적인 설명을 하고 있다.

Child Development Resources

P.O. Box 280

Norge, VA 23127-0280

(757) 566-3300

FAX (757) 566-8710

http://www.cdr.org

웹 자원

▶ 효과적인 조기중재 팀워크 만들기

저자인 코니 갈랜드와 애드리안 프랭크는 교수와 훈련, 스태프 개발을 위한 학제간 실제를 위하여 방법과 모델, 자료를 제공한다.

http://www.fpg.unc.edu/~scpp/pdfs/Reforming/14-363_392.pdf

▶ 고등교육기관에서 새로운 비전 만들기: 조기중재의 전문가 양성을 위한 학제간 접근

예비 교육을 위한 학제간 협력 모델이 제니퍼 킬고와 메리 베스 브루더가 쓴 이 논문에서 제공된다.

http://www.fpg.unc.edu/~scpp/pdfs/Reforming/04-81_102.pdf

▶ 협력적 조기중재 훈련과 서비스의 가족 주도형 접근

FACETS 웹사이트는 중재 계획 과정에서 의미 있는 가족 참여와 의사결정을 지지하기 위해서 고안되었다. 중재 과정을 통해서 정보처리 방법과 가족 구성원에 대한 교육, 조기중재자와 관련 서비스 제공자 그리고 행정가들을 위한 훈련과 효과적인 학제간 및 기관 간 협력을 공고히 하기 위한 전략을 제공한다.

http://www. parsons.lsi.ku.edu/facets

▶ 전국 유치원 통합 프로젝트

이 웹사이트의 정보와 자료는 가족들을 지원하고, 조기중재 서비스를 제공하는 팀 구성원들에게 효과적인 상담과 협력 방법을 지원할 수 있다. 유용한 자원이 필요하다면 '통합적 치료(Integrated Therapy)'를 클릭하라.

www.IndividualizingInclusion.us

▶ 학제간 실제의 '핵심적' 근무 환경

출판된 연구로부터 다운로드 할 수 있는 '스냅샷'은 고등교육 교수진들 간에 학제간 실제를 지원하는 데 있어 작업 환경이 중요하다는 것에 대한 증거를 제시한다.

http://www.fpg.unc.edu/images/loyd/Sn8-InDisCollab.pdf

편저자 소개

Eva Horn, Ph.D.
University of Kansas

Hazel Jones, Ph.D.
University of Florida

역자 소개

김건희

Syracuse University 특수교육과 졸업(Ph.D.)
현) 대구대학교 유아특수교육과 교수

〈주요 논문〉
자폐를 가진 유아의 의사소통 능력의 평가
(특수교육재활과학연구, 49(1), 2010)
Constructing Views on Students Labeled with Auitsm in Inclusive Classroom Settings
(특수교육저널: 이론과 실천, 10(2), 2009)

김진희

University of Illinois, Urbana-Champaign 특수교육과 졸업(Ph.D.)
현) 인제대학교 특수교육과 교수

〈주요 저서〉
특수아동 교육의 실제(공저, 교육과학사, 2005)
정신지체아 교육(공저, 양서원, 2002)

특별한 영유아
모노그래프 시리즈 6호

학제간 팀들
Interdisciplinary Teams

2012년 5월 25일 1판 1쇄 인쇄
2012년 5월 30일 1판 1쇄 발행

편저자 • Eva Horn · Hazel Jones
옮긴이 • 김건희 · 김진희
펴낸이 • 김진환
펴낸곳 • (주) 학지사
121-837 서울시 마포구 서교동 352-29 마인드월드빌딩 5층
대표전화 • 02-330-5114 팩스 • 02-324-2345
등록번호 • 제313-2006-000265호

홈페이지 • http://www.hakjisa.co.kr
커뮤니티 • http://cafe.naver.com/hakjisa

ISBN 978-89-6330-438-0 94370
978-89-6330-432-8 (set)

정가 11,000원

역자와의 협약으로 인지는 생략합니다.
파본은 구입처에서 교환해 드립니다.